PIPORRO

PIPORRO

EL NORTEÑO QUE LLEGÓ PARA QUEDARSE

por Luis Macauley

Grupo Editorial Tomo, S.A. de C.V.
Nicolás San Juan 1043
03100 México, D.F.

1a. edición, abril 2004.

Nicolás San Juan 1043, Col. Del Valle
03100 México, D.F.
Tels. 5575-6615, 5575-8701 y 5575-0186
Fax. 5575-6695
http://www.grupotomo.com.mx
ISBN: 970-666-936-1
Miembro de la Cámara Nacional
de la Industria Editorial No 2961

Proyecto: Luis Macauley
Diseño de Portada: Trilce Romero
Formación Tipográfica: Servicios Editoriales Aguirre, S.C
Supervisor de producción: Leonardo Figueroa

Impreso en México - *Printed in Mexico*

Contenido

Prólogo

Eulalio González "Piporro", nació un 16 de diciembre de 1921 en la población de Los Herreras, Nuevo León. Aunque muy pequeño, fue llevado a radicar a algunas ciudades fronterizas como Ciudad Guerrero, Los Guerra, Reynosa y Matamoros, Tamaulipas. Con respecto a su edad, el siempre ingenioso Piporro comentó ante los medios de comunicación: "En este 1997 tengo 75 años, pero todavía me la 'parto' con cualquiera de... 90... ¡Y como ya no hay... gano por default...!"

Asimismo, cuando hablaba de la tierra que lo vio nacer, el Piporro comentaba que: "ésta fue la última capital de Grecia, pero al ocurrir la gran hecatombe que separó a los mundos con mares intermedios, cuando el Coloso de Rodas rodó y el Partenón se partió, hundiéndose en el mar, en Atenas quedaron los restos del Partenón... y en Herreras... ¡la pura piedra bola!"

Poseedor de un sentido innato del humor, siempre que alguien se le acercaba y le preguntaba por su edad, Piporro le respondía: "Tengo tres edades: La comercial, 50; la funcional, 30... ¡y ya pa'que quieren saber l'otra!... Tengo todos los años del mundo ¡pero apenas voy a la mitad, criatura!"

La vida del personaje que descubrirá, amable lector, a

lo largo de estas páginas, dedicó su vida a divertirse, y con ello, divertirnos a todos los que alguna vez lo escuchamos en la radio, lo vimos en el cine o, recientemente, lo disfrutamos en la televisión. Fue galán, villano, dramático, viejito, pero sobre todo, uno de los personajes más pintorescos y divertidos que han surgido en México.

Por actuaciones en el cine recibió varios Arieles. Por el papel de cuadro en "Espaldas mojadas", recibió la Diosa de Plata. El Premio Cantinflas por su actuación y dirección de "El Pocho". Y en su producción discográfica como autor e intérprete, ¿quién podría olvidar las simpáticas letras e interpretaciones de melodías como: "Chulas fronteras del norte", "Natalio Reyes Colás", "El taconazo", "Don Baldomero", "Llegó borracho el borracho", y docenas de títulos más.

Compartió escenarios con los más grandes actores de la época de oro del cine mexicano como: Fernando, Andrés, Domingo y Julián Soler (este último, en calidad de director cinematográfico); los dos Pedros, Infante y Armendáriz; Arturo de Córdova, Luis y Antonio Aguilar; y actrices como María Félix, Rosita y Elvira Quintana, Libertad Lamarque, etcétera.

En los últimos años de carrera artística, el Piporro compartió créditos con personajes como: Vicente Fernández, Julissa, Los Tigres del Norte, Los Garibaldi... y tanto otros. Y como él sólo podía hacerlo, a muchos de los periodistas les comentó: "Ahora, si tengo oportunidad de alternar con los artistas de mañana... ¡pasado mañana les informaré...!"

Esta es la vida y obra de Don Eulalio González "Piporro", esperamos que la disfrute.

1

El norteño en el cine

Uno de los sucesos más conocidos —sobre todo por sus efectos— del centralismo que vive México es el hecho de que pocas veces pensamos en que el país es tan grande (aunque el tren ya no corre por la vía como aguinaldo de juguetería, como dijo López Velarde) que muchas veces se ha menospreciado las diferencias culturales que existen en diversas regiones del país.

Tomemos como ejemplo la música: ¿por qué es la música del mariachi la música nacional por excelencia? ¿Cuándo y quién determinó que ésa sería la música que representaría a México en detrimento del huapango, los sones arribeños, el fandango, la trova yucateca, las bandas de alientos zapotecas, las chilenas, música de redoba, acordeón y bajosexto?

Y aunque usted no lo crea, la verdad es que sí, sí existió una especie de acuerdo y, más que un acuerdo, una suerte de conspiración que hizo posible que los sones del mariachi se llevaran la palma en cuanto a representar a la música mexicana por excelencia, y en ello tuvieron que ver tanto don Emilio Azcárraga Vidaurreta —quien sugirió, se dice, que se le agregara la trompeta a los instrumentos que conformaban el conjunto jalisciense—, como al poder de la radio en aquellos años que dedicó gran parte de sus emisiones a difundir al mariachi, además de dotarlo de un valor patriótico incuestionable. Lo anterior coincidía con el espíritu nacionalista con que se vanagloriaba el poder y el cual se veía reflejado en casi todas las áreas de la cultura.

No hay que olvidar que el cine y sus mitos que durante sus años dorados se encargó de difundir la imagen del rancho del Bajío como si éste fuera lo único existente. El charro de a caballo se convierte así en el todopoderoso, con pistola y sombrero —que hoy ya nada más se ponen los turistas— y, por supuesto, el canto. Para muestra, no hace falta más que convocar aquí al célebre "charro cantor" (Jorge Negrete), y a toda la pléyade de cantantes que hoy en día siguen vistiendo el traje de charro, como si no existiera el traje de jarocho o la cueruda de Ciudad Victoria, o el sombrero de charro 24 que lucen los juchitecos en sus grandes velas.

Eso mismo ocurrió con muchas de las tradiciones que conforman esa nación diversa que es México. En contadas ocasiones, los personajes de otras regiones fueron vistos como prototipo de lo mexicano, e incluso, en contadas ocasiones fueron protagonistas de alguna historia del cine mexicano, amén de las que vinieron posteriormente, cuando los productores se dieron cuenta que Cuatitlán también era México, lo mismo que Monterrey, Coahuila, Yucatán, Chihuahua y Baja California.

De hecho, pregúntese usted, cuántas veces ha visto que un indígena haya sido el protagonista —así fuera en una cinta de ficción— de una cinta. Seguramente de inmediato

El Piporro hizo en 1963 la película *Torero por un día*, para recordar a Rufino Díaz "El Mil Faenas»".

pensará en *Tizoc,* pero bueno, eso es otra historia. Y de esa historia es precisamente de la que vamos a hablarle: más o menos de lo que ocurrió por la década de los cuarenta, cuando en el ámbito cultural se empezaron a reconocer otras expresiones gracias a los migrantes que se instalaron en la ciudad de México y cuyo cine registró a esta segunda oleada migratoria que vino de todos los puntos del país; migrantes que veían en la ciudad una gran esperanza para progresar. Es así como nacen los tipos característicos, aun cuando algunos seguían cargando el estigma de su origen. Mientras el yucateco era víctima propiciatoria de los chistes, al regiomontano se le decía "codo", por no hablar de los indígenas que también se fueron acostumbrando a la vida citadina.

Y esta realidad se refleja en el cine. Si hasta entonces el norteño, por ejemplo, sólo había sido una figura de relleno en las cintas, un personaje chistoso, serán precisamente dos hombres considerados norteños los que vendrán a cambiar por completo esta imagen.

De hecho, uno fue el ídolo de México, y aún hoy lo lloran sus admiradores y siempre hay flores en su tumba en el Panteón Jardín. Y hasta existen un sinfín de leyendas que nos dicen que en realidad no ha muerto y que vive en el corazón de todos los mexicanos. Nos referimos, por supuesto, a Pedro Infante quien, nacido en Sinaloa —Guamúchil y Mazatlán como las siete ciudades griegas lo hacen por Homero, se disputan el honor de ser su cuna—, resultó ser un actor de una naturaleza tan carismática, que no hubo nadie que no se rindiera ante su simpatía que desparramaba a raudales en los filmes.

El otro llegó de la tierra del taconazo y del cabrito. Se llamaba Eulalio —él aseguraba que su nombre de pila era también de origen griego— González, pero casi todos los conocemos como "El Piporro". De hecho, Piporro y Pedro Infante se encontraron en un programa de radio, uno ya con la fama a cuestas, mientras que el otro apenas comenzaba, y ambos hicieron que los norteños poco a poco empezaran a tener cabida en la cultura popular de México.

Se necesitaba un arquetipo —dijo alguna vez Carlos Monsiváis— "para uso exclusivo de los norteños y, en el límite del barroquismo, un actor depura al personaje y lo convierte en representante de una cultura fronteriza, un modo de ser mexicano en ambientes naturales, un regocijo nómada". Y parecerse al Piporro, obliga a Eulalio González a educar la voz hasta volverlo un icono de costumbres.

La historia de Pedro Infante es bien conocida por todos: sabemos de su enorme carisma y conocemos al dedillo su tragedia. Sin embargo, la de Eulalio González —tal y como un famoso personaje de la época de la revolución mexicana— es prácticamente desconocida, aun cuando su llegada a la pantalla fue un verdadero soplo de aire fresco para el cine nacional. En las páginas que siguen hablaremos de su historia, su tenacidad y su buena suerte; así como de ese deseo vehemente del norteño por llegar a ser considerado actor, cantante, director de cine, argumentista, escritor, torero. Es difícil pensar que un hombre puede ser tantas cosas al mismo tiempo y, sin embargo, Piporro lo fue y lo hizo bien en todo. Hasta como padre de familia. Y ésta es su historia...

2

Los primeros taconazos

Decía Eulalio González, "Piporro" que él había nacido muy chiquito, el mismo día que Beethoven. Pero nada más el día, no el año. Y que del gran compositor sólo heredó sordera. Su acta de nacimiento registraba como la fecha en que vino al mundo el 16 de diciembre de 1921 y no fue ni en Perros Bravos ni en Gatos Güeros (dos lugares imaginarios de la geografía fantástica que el cantante inventó), sino en un lugar conocido como Los Herrera en el estado de Nuevo León, una villa ganadera fundada en el siglo XIX —de donde eran originarios los parientes maternos del futuro cómico—, y que aún hoy se enorgullece de haber sido la cuna de tan ilustre personaje, quien quizá nunca se enteró que en un principio antes de erigirse en villa, simple y llanamente sólo se le conocía como el rancho de La Manteca, hecho que seguramente le hubiera causado un enorme regocijo al actor.

Contaba también que no se acordaba de lo que había hecho al nacer, pero que lo más probable era que había llorado y muy fuerte, como si su llanto fuera un grito, un ¡ajúa!, con el cual celebraba la vida.

Por supuesto que lo decía en broma, aun cuando los datos eran ciertos. Eulalio —que debía pronunciarse "Ulalio", de acuerdo con la etimología piporriana— fue el primogénito del matrimonio formado por Pablo González Barrera y Elvira Ramírez de González, quienes habían fincado su residencia en un pequeño pueblo de Tamaulipas, Los Guerra, donde fue trasladado el pequeño Eulalio en cuanto se cumplieron los 40 días de descanso obligatorio que la costumbre imponía en aquel tiempo para las parturientas.

Los Guerra era un pueblo fronterizo localizado al norte del país. Pueblos que no aparecen en el mapa, y que eran, en aquellos tiempos, poblaciones de pioneros, donde los pequeños tenían un espacio enorme para divertirse. Su padre era agente aduanal, un hombre educado a la antigua que crió a una familia de cinco hijos.

Los Guerra se encuentra justo en la frontera con Estados Unidos, frente a un pueblo llamado Fronton, Texas, y que era, al igual que Los Guerra, un pequeño pueblo de apenas unas cuantas calles. Así que si nos imaginamos al pueblo y a sus nombres, también podemos imaginarnos de dónde sacó Eulalio toda esa magia verbal que nos fascina. Es más, Los Guerra ni siquiera tenía iglesia, así que si no se les hubiera ocurrido a sus parientes la peregrina idea de llevarse al obispo de Mier, que era la ciudad más cercana para que bautizara a los chamacos del pueblo, sería muy probable que el buen Piporro hubiera crecido como hereje, cosa que tal vez no le haría mucha gracia, aunque, quién sabe.

Como quiera que sea, el niño Eulalio conoció muy bien las chulas fronteras, de las que luego hablaría en sus canciones ya que como su padre trabajaba en las aduanas, anduvieron de la Ceca a la Meca. La familia González se mudó en varias ocasiones de Los Guerra a Guerrero —un pueblo que, andando el tiempo, quedaría cubierto por las aguas de la presa Falcón. El mismo Piporro cuenta que viajaban como si fueran una caravana de gitanos. Junto con su hermano Raúl gozaban del paisaje en la parte trasera de una troca (una camioneta).

Pero en aquel pueblo ocurrieron tres cosas que quizá marcaron la carrera del niño Eulalio: primero fue a la escuela —algo que siempre se agradece, diría alguna vez—, luego, escuchó radio y, más tarde, vio por primera vez una película.

Y así como tiempo después se haría en los ranchos con la televisión, todos los chamacos se congregaban frente a la casa del primer vecino que tuvo un radio en el pueblo, quien generosamente abría las ventanas de su casa para que aquella chiquillería, agolpada en la reja, oyera las palabras, la música y las historias que surgían de aquella caja de madera que algunos todavía consideraban cosa de brujería.

Pero si el radio asombró a los pequeños hijos del matrimonio González, ¡el cine verdaderamente los fascinó! El mismo Piporro contaba que la primera vez que pasaron una película, como el público de los Lumiere —primitivo lo han llamado algunos historiadores, silvestre, dirían otros—, todo el pueblo de Guerrero se dio a la fuga cuando vio aparecer en la pantalla una tremenda locomotora que se acercaba a toda velocidad.

Quién sabe qué tanto de verdad hay en esta historia, en todo caso, lo único cierto era que el joven Piporro, junto con su hermano Raúl, se iba a ver los cartelones que anunciaban la próxima película, y ambos especulaban a partir de aquellas imágenes, si la cinta en cuestión iba a estar buena o no. Si había besos y mujeres, pues seguramente que iba a estar aburrida; pero si tenían balazos y vaqueros, entonces eran de las buenas. Era tan desmedida su afición por el cine, que su padre tuvo que fabricarles un cajón de bola —un equipo de lustrar calzado que afortunadamente no hizo que al Piporro le nacieran las ganas por ser político— para que con su trabajo consiguieran los veinte centavos que costaba la entrada al cine.

Para entonces, la familia González ya estaba constituida por cinco hermanos. En realidad eran seis, pero la más pequeña murió a una edad muy temprana. Además de Eulalio —el mayor— se encontraban Raúl, Antonio, Alicia y Gilberto.

Con la vocación vagabunda de la familia, Guerrero fue sólo una estación de paso y al poco rato los González estaban de vuelta en Los Guerra. Es en este lugar donde el pequeño Eulalio terminaría su primaria y una noche de fiesta se atrevió a pasar por vez primera el Río Bravo para llevar la ropa de su tío Tomás que, cada año, se marchaba al otro lado a trabajar durante la temporada de la pizca. En aquel entonces era más fácil y las cosas que no deseaban que se mojaran eran puestas en una tina tal y como muchos años después lo retrataría Piporro en *El bracero del año*. En aquella época las políticas contra los migrantes mexicanos por parte de las autoridades estadounidenses aún no se habían endurecido, y el ir y venir de los trabajadores —que por si fuera poco eran muy necesarios en el campo de los "gabachos"— era algo mucho más común y menos perseguido.

La familia tampoco se quedó por mucho tiempo en Los Guerra, pronto regresaron a Los Herrera, donde el benjamín concluyó la primaria y entonces vinieron las discusiones por saber cuál sería el destino del muchacho. Como en muchas otras regiones del país, en aquellas pequeñas localidades nacidas en el siglo XIX, aún no se había abierto una escuela secundaria, y si la familia deseaba que su hijo terminara los estudios medios, tenía que enviarlo hacia la capital del estado, o bien, hacia una ciudad vecina más grande en la cual pudiera estudiar. De alguna manera, esta movilidad geográfica de los jóvenes norteños es una especie de marca de la casa; un santo y seña que quizás ayudó a la formación de un carácter independiente y a veces atrabancado. La familia González decidió que el niño Eulalio se fuera nada más ni nada menos que a la capital, a cobijarse bajo el cerro de La Silla y alimentarse de cabrito (bueno, no siempre), más bien algunas veces. Aunque en aquel entonces Monterrey no era la pujante ciudad industrial, orgullo de los regios y ejemplo para el país que es ahora por su enorme capacidad industrial. Sin embargo, ya eran visibles algunos signos de su laboriosidad y tenacidad y, sobre todo, de un impresionante porvenir.

3

Al amparo del cerro de La Silla

Monterrey, la patria chica de Alfonso Reyes, era en la década de los treinta del siglo pasado la punta de lanza del México industrial. Su cercanía con los Estados Unidos, la existencia de un sindicalismo blanco, es decir, dependiente de las propias empresas así como la presencia de una legislación favorable al capital, permitieron un desarrollo industrial sin comparación, que permitieron la consolidación y expansión de empresas ya existentes como la Cervecería Cuauhtémoc, Vidriera Monterrey y Fundidora de Fierro y Acero Monterrey.

A esta ciudad pujante llegó con apenas 11 años de edad Eulalio González, quien durante muchos años sería la voz de los norteños, tan imprescindible, como quizá la voz de Porfirio Cadena, el "Ojo de Vidrio", cuyas aventuras todo México escuchaba por la radio, y cuyo corrido con las variantes habituales sería cantado algunos años más tarde por el mismísimo Piporro.

Aun cuando estuvo en varias escuelas, la que Eulalio González recordaba con gran cariño, era el Instituto Laurens donde alguna vez tuvo como compañero de cuarto ni más ni menos, que al genial caricaturista y pintor Abel Quezada, uno de sus primeros amigos, y quizás uno de los primeros intelectuales a quienes el Piporro conquistó con su natural simpatía y que lo hizo, mucho tiempo después, ganarse la admiración de personajes como Germán Dehesa, Carlos Monsiváis, Jaime López, Óscar Chávez, José Pagés Llergo y muchos otros más.

Una vez, durante una de las clases, al notar que el niño Abel Quezada se encontraba en las nubes, la maestra lo pasó al pizarrón para que se despabilara. Sin embargo, para regocijo de todos sus compañeros, cuando la profesora se descuidó, Quezada trazó en el pizarrón una magnífica caricatura de ella que, carente del sentido del humor, expulsó al muchacho.

El mismo Piporro era un aficionado a la caricatura, y algunos pesos hacía con ese arte durante los días, cuando en compañía de otros amigos, se iba de pinta hasta que llegó el momento en que descubrieron sus fugas y a punto estuvo de abandonar la escuela de mala manera.

Mientras cursaba la secundaria, Piporro se interesó en el baloncesto y se inscribió en el equipo de su instituto, llegando a competir fuertemente en el circuito escolar, aun cuando sin alcanzar la altura que algunos de sus compañeros lograron como seleccionados nacionales y destacados políticos.

Terminada la secundaria, el joven Eulalio se inscribió en la Escuela de Bachilleres de la Universidad Autónoma de Nuevo León en el área de Medicina, pues tenía el sueño de ser médico. Sin embargo, no estaba el horno para bollos, y por participar en una huelga, fue suspendido junto con otros compañeros por espacio de un año, lo que le permitió inscribirse en una escuela privada donde cursó la carrera de contador privado, que es el único título oficial que tuvo en vida, extraoficiales, huelga decirlos, fueron muchos más, comenzando por el mismo apodo.

Sin embargo, el destino tampoco había decidido que Piporro se convirtiera en contador, y uno de sus maestros —cual ave de buen agüero— lo recomendó con el director del periódico *El Porvenir* quien le ofreció por ahí una "chambita", y de buenas a primeras sin conocer mucho del oficio, Eulalio se dedicó a esbozar algunas notas periodísticas a la par que estudiaba en la Academia Zaragoza. Aun sin terminar sus estudios, trabajó como tenedor de libros en una de esas empresas que por entonces despegaban, Industrias Monterrey, y aun cuando era bueno para los números, poco después optó por seguir trabajando en el periódico y de nuevo gracias a una casualidad, llegó a la estación XEMR, precisamente el día que se celebra su segundo aniversario. Invitado a subir al estrado como reportero, el Piporro improvisó un discurso de agradecimiento que le gana inmediatamente el favor del dueño de la emisora, quien le asegura que nació para la radio, lo que de una u otra forma resultaría cierto. Y el Piporro encantado con la idea, acepta convertirse en locutor, oficio que desempeña a lo largo de dos años. Es apenas un joven de 21 años de edad, cuya vocación radiofónica es más que manifiesta: entrevista, hace presentaciones, conduce. Tiene chispa y el auditorio se lo reconoce. Entonces todavía no se llamaba el Piporro. Era Eulalio González, y entrevistaba a cuanto personaje importante pisaba Monterrey. Era una labor difícil, de mucha improvisación y, dicen los que lo oyeron en aquel entonces, el muchacho cumplía a la perfección. Sabía aplicar én-

"El Piporro", con sólo 21 años, ya entrevista, hace presentaciones y conduce.

fasis a la voz, darle el tono requerido para que lo que anunciara o el comentario que hiciera fuera escuchado. Es muy probable que a partir de ese momento, naciera su vocación para improvisar, incluso en las mismas películas; así como también, tuviera que ver con la forma en que decía las canciones y las llenaba de "apostillas" con sus comentarios mordaces, que con el paso del tiempo le iban a dar a ganar fama y fortuna —más fama que fortuna, raza, diría el Piporro.

Con 23 años de edad, al Piporro, la ciudad de Monterrey le quedaba chica, y un buen día aquel joven de bigote pulcro y recortado, juntó algo de ropa en una maleta, sacó sus escasos ahorros, agarró el tren y enfiló con rumbo a la ciudad de México, con la idea firme de conquistarla. Lo que no ocurrió en su primera visita, es más, ni siquiera en la segunda.

—Sin más, andaba como "trompo", de arriba pa'bajo, y nomás... nada.

4

Radio days

En la década de los cuarenta fueron los días de la radio. La XEW se ostentaba orgullosamente como "La voz de la América Latina desde México", y eso cuando apenas y tenía una década de haber sido fundada. La leyenda cuenta que nació con tres locutores, tres telefonistas y un ayudante. Pero que en poco tiempo, gracias a la difusión de la idea de la "unidad nacional", se convirtió en un puente en todo el país debido a que difundía los más diversos géneros musicales —aun cuando se privilegiaba la música del mariachi— y programas donde se presentaban las estrellas más conocidas de aquel momento. Tal y como lo fue "El estudio de Agustín Lara", aquel programa de variedades del Flaco de Oro, a quien Piporro conocería muchos años después en un vuelo camino a una presentación. Y entre las empresas que patrocinaban los diversos programas, se encontraban Picot, los cigarros Casinos Imperiales y los refrescos Gran Míster Q. Además, la estación había llegado al corazón de los mexicanos cuando comenzó a emitir radionovelas, la primera de las cuales fue dirigida por el infatigable Alejandro Galindo: una adaptación de *Los tres mosqueteros*, el clásico de Alejandro Dumas, con la actuación de Carmen Doria, Chela Orozco, Lucila de Córdova y Salvador Carrasco, todos ellos magníficos actores del teatro mexicano que hicieron vibrar a los radioescuchas con las aventuras de los mosqueteros.

Y como era el medio de comunicación más moderno y de moda, la radio atrajo a un sinfín de escritores e intelectuales, quienes hicieron posible una época dorada de la publicidad. Se dice que, por ejemplo, Salvador Novo fue el creador de aquel inolvidable *spot* sobre los tres movimientos de Fab, mientras que Fernando González Oviedo lo fue de una frase que ha perdura hasta nuestros días: "Mejor, mejora, Mejoral."

Pero entre muchos otros que pasaron por sus instalaciones, estuvieron Alfonso Reyes y Mauricio Magdaleno. Por si fuera poco, en 1941 había nacido, impulsado por don Emilio Azcárrga Vidaurreta, el primer gran sistema de radio. Así que cuando los años dorados de la locución (cuando los locutores eran verdaderamente estrellas), estaban en su apogeo, junto con el cine mexicano, que con el estallido de la Segunda Guerra Mundial, se había logrado que todo el mercado latinoamericano y nuestros charros, cabalgaran tanto en el desierto chileno, como en el sertón brasileño y en las pampas argentinas.

Cuando el Piporro llegó a la ciudad de México, la estación tenía alrededor de 12 años de haberse mudado a sus nuevas instalaciones en Ayuntamiento 53, con sus dos grandes estudios donde se emitían programas de concurso, entre los que se contaba "El colegio del amor Glostora", conducido por El Bachiller, Álvaro Gálvez y Fuentes. En este programa los concursantes debían de redactar una declaración de amor con la que pudieran llegar al corazón de la dama de sus sueños. El Piporro no sólo se inscribió y ganó, sino que volvió otras dos veces. La primera la ganó limpiamente. Pero como después no le dejaron concursar nuevamente y el hambre apretaba, optó por registrar a dos de sus amigos, quienes concursaron por él y también ganaron, con lo cual se hicieron de la nada despreciable cantidad de 150 pesos, una fortuna para aquel entonces, sobre todo si tomamos en cuenta que quienes llegaban de cualquier estado a buscar fortuna, o bien, llegaban a vivir con un familiar, o bien, tenían que conseguir algo entre varios amigos o pagar una casa de asistencia, (opción por la que había optado Eulalio). Pero no resultaba nada fácil pagarla, toda vez que sus escasos ahorros volaron en unas semanas. Así que aquella declaración —cosa en lo que era un experto puesto que en Monterrey ya había tenido ocasión de practicar sus habilidades con la pluma y la palabra con una que otra bella regiomontana— fue de gran ayuda para los tres amigos.

Las declaraciones con las que triunfó en el concurso, iban desde una de corte muy deportivo, hasta otra de carácter musical, pasando por el mismo lenguaje radiofónico. En una de éstas se oía:

Al levantar de mi alma la batuta
para que la orquesta de mi amor te cante,
espero que en tu musical oído repercuta
mi apasionado concierto en tempo andante.

Por supuesto que si en aquellos años el corazón de una muchacha podía galopar desenfrenado ante estas palabras, hoy nos suenan bastante anacrónicas, aun cuando dan pistas de lo que el Piporro haría posteriormente como cómico. Recordemos que uno de sus grandes aciertos es simple y llanamente lingüístico, y que sus juegos de palabras al estilo norteño —muy alejados del albur defeño— serían uno de sus mayores hallazgos.

Pues así andaba el joven locutor, con su licencia categoría A en el bolsillo y tocando puertas hasta que consiguió acomodo en Radio Continental, al lado de locutores como don Daniel Pérez Alcaraz, Manuel Tamez —Régulo— y Emilo Silvester. En aquellos años Radio Continental también presentaba una variada programación musical, y uno de sus ídolos era ni más ni menos que el famoso Trío Argentino.

Tras su paso por la estación, Piporro obtuvo una oportunidad en la XEB, la B grande de México, donde también había llenado una solicitud de trabajo. Y sin dejar ambas chambas, Piporro se dedicó a ir de una estación a otra para estar listo en las horas que le tocaban de cabina y hacer comerciales y todo lo que en aquel tiempo se hacía, nada más que en vivo.

La XEB era otra estación de linaje, había nacido en 1923 como CYB, de la mano del dueño de la cigarrera El Buen Tono. Entre los trabajos pioneros de la CYB se contaron la narración de una corrida de toros hecha por el doctor IQ (Jorge Marrón), quien años más tarde se haría famoso con su célebre programa de concursos. Entre los programas transmitidos por la B estaban "El cancionero Picot", otro de esos programas que dejaron honda huella en el mexicano y que para muchos significaron toda una educación sentimental a partir de las canciones. Y también uno dirigido por el genial comediante Joaquín Pardavé, que se titulaba

"Pardaverías" y que duraba exactamente 15 minutos. Otro personaje importante que pasó por la XEB fue Cantinflas, quien también tenía un programa humorístico. Y entre las voces que formaban parte del cuadro escénico de la radiodifusora estaban Pura Córdova y el Panzón Panseco. La B grande creó también los programas de aficionados y difundió la obra del gran pianista cubano Ernesto Lecuona, entre otras muchas hazañas de esos inolvidables días de radio que todos recordamos con nostalgia.

De hecho, cuando Piporro llegó, la B acababa de contratar a un joven cantante de muy buena voz llamado Pedro Infante.

La leyenda cuenta que Julio Morán fue quien escuchó al sinaloense en algún lugar y, tras oírlo y emocionado por su capacidad interpretativa, lo llevó inmediatamente a la estación para que uno de los ejecutivos lo escuchara. En la estación inmediatamente pusieron a prueba su talento y un pianista comenzó a tocar una melodía, pero el joven sólo la silbaba.

—Bueno, muchacho —le dijo Morán— pero no pensarás que sólo silbando te vamos a contratar, aunque lo hagas muy bien.

Sólo entonces el joven comenzó a cantar, y por supuesto que convenció a los directivos quienes inmediatamente le contrataron. Dos estrellas estaban por nacer, y por si fuera poco, en algún tiempo se encontrarían haciendo una especie de pareja dispareja al estilo del Quijote y Sancho Panza.

Sin embargo, el gusto por estar en la B le duró muy poco al Piporro. Un buen día alguien se dio cuenta de que el nuevo locutor tenía una voz muy parecida a la de un locutor de la competencia, es decir, la Radio Continental. Y de ahí sólo mediaba un paso para que cayeran en cuenta que se trataba de la misma persona. Lo mandaron llamar y lo pusieron en una disyuntiva: o la B o la otra estación.

Quizás el Piporro la pensó mucho, quizás a los de la B no les gustó el engaño, quizá llegó en ese momento otro locutor con buena voz, pero lo cierto es que en menos que canta un gallo y antes de que el joven norteño pudiera tomar su decisión, los de la XEB decidieron que lo mejor era cortar por lo sano y mandar al joven locutor de regreso a Radio Continental.

Sin embargo, en ninguna de las dos estaciones el dinero que pagaban era suficiente. Piporro contaba un sinfín de historias en torno a las hambres que pasó en la capital durante esos meses de prueba y la verdad es que se las pasó negras. Tenía adeudos en la casa de asistencia donde vivía y no faltaron las amenazas por parte de la dueña de sacarlo de la casa, aunque al final se arrepentía probablemente porque era tanto el adeudo, que lo mejor que podía hacer la buena señora era esperar a que el joven locutor tuviese un golpe de suerte.

Con tan sólo centavos en el bolsillo, Piporro realmente pensaba más que nada en el regreso a la casa familiar, aun cuando en Radio Continental le prometían pagarle sus sueldos atrasados, la verdad era que cada quincena Piporro sufría las de Caín para comer, pagar sus tranvías —aunque las más de las veces, contó alguna vez el actor, prefería aplanar las calles— y abonar algo a la ya muy abultada cuenta de la pensión.

Sin embargo, tuvo suerte, y un buen día le pagaron de golpe todo lo que le debían. Así que con aquellos pesos que le entregaron liquidó su adeudo en la casa de asistencia, hizo su equipaje y se lanzó a Buenavista para tomar el primer tren con destino a su Monterrey querido.

Fue recibido por su familia como hijo pródigo, pero por supuesto que no faltaron las burlas por parte de sus hermanos y de los amigos que lo esperaban ver como el gran conquistador la ciudad de México. Lejos estaba aún su encuentro con Pedro Infante y los años cuando se convirtió en estrella. En ese momento era apenas un joven a quien la gran ciudad había derrotado.

Pero si algo tienen los norteños es tenacidad, y el Piporro no estaba dispuesto a dejarse vencer. Le gustaba la radio y en cuanto se repuso del viaje de tres días, de los fríos y de los sobresaltos del camino, se dirigió a su antiguo trabajo para pedir su reinstalación y, aun cuando lo dudaron un poco, consiguió de nuevo su trabajo. Pero la mira seguía puesta en llegar a la ciudad de México y lo iba a lograr.

5

Otra vez en el cerro de La Silla

La radio le gustaba al Piporro y a lo largo de su vida jamás dejó de ser un buen aficionado a este medio de comunicación. No sólo le tenía un fuerte agradecimiento, sino que le gustaba realmente el micrófono y su trabajo como locutor y anunciador, y aunque en esos tiempos todo era mucho menos espontáneo que lo que es hoy en día, la radio le dio muchas de las herramientas que tiempo después habría de utilizar en sus presentaciones en vivo y en sus improvisaciones como actor.

Llevado por el gusto a la locución, muy pronto el Piporro extendió sus buenos oficios a un trabajo que empezaba a ponerse de moda, el de maestro de ceremonias y lo hizo sin más ni más en El Patio, de Monterrey. Era un lugar agradable, pero siendo época de guerra, muchos soldados estadounidenses llegados desde las bases del Norte con permiso, visitaban aquel centro nocturno y en más de una ocasión el impecable *smoking* que el Piporro se había comprado, acaba manchado o roto a causa de los constantes pleitos o con huellas de lápiz labial que le dejaba una que otra gringuita, algunas de ellas mujeres militares que se enamoraban del galanazo. No sólo en El Patio fungió el Piporro como maestro de ceremonias, también lo hizo en centros nocturnos como el B-29, en cuyo nombre llevaba la fama.

Ni tardo ni perezoso el Piporro le daba vuelo a la hilacha, aun cuando algunas veces recibía los regaños de su mamá, la verdad es que estaba muy contento, y si no fuera por alguna que otra balacera ocasional, aquel trabajo cumplía casi por completo con sus expectativas.

Lo malo es que algunas ocasiones tenía que estar como el personaje de una de sus canciones, el Tragabalas, comiendo plomo o debajo de las mesas cuando se armaba la gorda. A veces le entraba, pero nada más a un tiro derecho, como se dice por allá, sin armas y sin montón; pero cuando las cosas se ponían pesadas, prefería el refugio que le proporcionaba una mesa.

—Eran mesas de las de antes, muy bien construidas. Así que ahí estaba uno seguro —comentaba.

Sobresaltos aparte, el Piporro continuó también con su carrera de locutor y anunciador, y un buen día a la XEMR llegó el elenco de una de las muchas caravanas que por entonces recorrían el país. Entre quienes formaban el elenco se encontraba un joven sinaloense a quien anunciaban como "El nuevo crooner de México". Se llamaba Pedro Infante y había empezado a cantar en la B justo cuando Piporro hacía sus pininos como locutor en la ciudad de México, el sinaloense y el nuevoleonés se conocieron así, y por supuesto que se cayeron bien.

Desde aquel momento el Piporro se convirtió en un rendido admirador del ídolo de Guamúchil, tanto, que empezó a seguir su carrera y a ver las películas que poco a poco lo convirtieron en el actor y cantante más querido por el público. Para cuando Pedrito regresó a Monterrey, Piporro se sabía su historia completita y, para su sorpresa, mientras filmaba la vida del bandolero "Caballo Blanco", fue contratado para presentarse en el mismo lugar en donde Piporro era el anunciador oficial, El Patio. Y en muchas ocasiones Piporro tuvo que salvar a su amigo retrasando su presentación ya que, debido a los problemas de la filmación, hubo veces en que llegaba tarde al centro nocturno. Y hasta pudo conocer un poco de los temores del cantante cuando escuchaba a los otros intérpretes que se presentaban antes que él. De cualquier manera, el ángel de Pedro —todos lo sabemos— era enorme y cantando "Destino", "Nocturnal" o "Brasil", salía más que bien librado de sus presentaciones echándose al público en el bolsillo.

Un buen día Pedro le avisó a Eulalio que estaba por terminar la filmación, pero que lo habían contratado para hacer una gira por el sur de Texas, presentándose en los cines, como se hacía entonces. En aquella época el Tex Mex no sólo ya había nacido, sino que era toda una corriente musical aparte que reinaba a lo largo y ancho del estado de la estrella solitaria. La famosa música texana, que por cierto le gustaba mucho al Piporro, tenía por entonces a sus propios intérpretes y a sus propias estrellas que llenaban los circuitos comerciales estatales. Pedro Infante comenzó a labrarse su fama ahí, como el mismo Piporro, en las caravanas y en las presentaciones en vivo y ganándose a público con su simpatía y calidad como intérprete.

—¿Qué te parece si me acompañas? —le dijo a su amigo.

Y haciéndose cruces, Piporro fue a ver al empresario para pedirle permiso de realizar aquella gira que los llevó desde Laredo hasta Brownsville, presentándose tres veces al día, sin papeles, en los teatros-cines de la cadena Ruenes y en la de los Benítez.

Curiosamente, antes de las presentaciones de Pedro —que las hacía Piporro— en salas semivacías, porque aún ninguno de los dos era ídolo, proyectaban una cinta donde el propio Infante actuaba, *La razón de la culpa*, pero en aquella cinta la voz de Pedro no era realmente su voz. Era una voz educada, carente de las inflexiones y los tonos que tiempo después harían famoso al sinaloense. Lo que pocos sabían era que había sido doblado debido a que su tono no le gustaba a los productores.

Terminada la gira, el Piporro acompañó a su amigo a la estación de ferrocarril y él se regresó a su trabajo como locutor y presentador en El Patio. Al poco tiempo sus actividades se diversificaron aún más cuando decidió anunciar los espectáculos de variedades que se presentaba, luego de algunos encuentros de lucha libre en la Arena Monterrey, los miércoles por la noche. Y como el público era mucho más bravo que en el centro nocturno nuestro héroe tenía que echar mano de todo su ingenio para lidiar con un respetable que era mucho más feroz y no dejaba títere con cabeza. Como el viejo y ruidoso público llamado "mosquetero" de las comedias de corral, el público de la arena tenía también a sus favoritos que, muchas veces no eran los artistas que se presentaban, sino aquellos espontáneos que lo cautivaban y que se apoderaban del escenario en menos que canta un gallo.

El propio Piporro sufrió en carne propia la rudeza de aquel público cuando, al tratar de bajar a un espontáneo que se había apoderado del ring y que se movía a lo María Félix, recibió un elotazo en la cabeza que despertó la risa del público y, de una u otra manera, lo conquistó.

Fue gracias a esas actuaciones de miércoles por la noche, que Piporro pudo ingresar a la XEFB, que era una de las radiodifusoras más importantes de Monterrey y que había lanzado la novedosa idea de hacer concursos, patrocinados por una perfumería, y los cuales se realizaban en plena calle, frente al establecimiento patrocinador y donde se presentaban artistas en vivo. Entre los espectadores del programa, estaban, como hoy, aquellos desempleados, curiosos y mirones que eran los asistentes de rigor y que con el paso del tiempo son tan imprescindibles como los mismos locutores. Incluso, en algunos casos, los presentadores se aprenden sus nombres. Uno de los concursantes fijos que se paseaba por la acera del frente para lanzarse a correr a concursar y así ganarse un bote de brillantina o alguna loción para después de afeitar, era ni nada más ni nada menos que un oriundo de Aguascalientes, a quien el destino había llevado a Monterrey en su deseo de ser torero. Se llamaba David Reynoso, y andando el tiempo, se convertiría en uno de los mejores amigos del Piporro.

Pero el Piporro continuaba soñando con conquistar a la ciudad de México y lo intentó una segunda vez, con los mismos resultados, de tal suerte que, otra vez de regreso, fue a parar a Nuevo Laredo, Tamaulipas, a la XEFE, la voz de la frontera. No le quedaba de otra, ya que su empleo en Monterrey no se lo habían devuelto. Allí se reencontró con el avezado concursante y aspirante a matador que había conocido en Monterrey. Lo descubrió en el viaje a Nuevo Laredo como agente de publicaciones de aquel tren que los regiomontanos habían bautizado como La Marrana ya que, finalmente, y para no morirse de hambre, había decidido trabajar mientras le llegaba la suerte de una novillada donde mostrar sus ansias de toreador, que por cierto siempre fueron muy grandes. Reynoso —contó alguna vez el Piporro— aprovechaba los viajes a Nuevo Laredo para "fayuquear". Pero el propio Eulalio conocía muy bien esa actividad que su padre perseguía, pero que su familia practicaba desde mucho tiempo atrás. El contrabando hormiga entonces era habitual, y había gente que, desde la ciudad de México, hacía el viaje a la frontera para llevar encargos a comisión. Era uno de esos *modus vivendi* que hoy prácticamente han desaparecido pero que tenía cierto aire picaresco que el Piporro aprovecharía tiempo después en películas como *El Pocho,* donde plasmó toda esa cultura fronteriza. Pues bien, cada vez que La Marrana se quedaba en Nuevo Laredo, David Reynoso —quien a la postre sería conocido como El Mayor, por su actuación en *Viento negro*— iba a buscar a su amigo para platicar de la vida, de sus sueños que en aquel entonces quizá no eran los de ser actores, sino matador de toros, uno, y el otro, locutor de la radiodifusora XEW.

El Piporro había conseguido trabajo de anunciador en el restaurante La Villa Española, y en éste, los dos amigos se dedicaban a darle vuelo a la hilacha, a botanear y a divertirse entre show y show, y también a ligar con las turistas que se daban cita en los centros nocturnos, y con las que se animaban a bailar tangos, blues, boleros y congas. Piporro ya cantaba y hasta declamaba sus propias versiones de poemas famosos y, en algunas ocasiones, acompañado al piano por el propio dueño del local, se aventaba dos que tres boleros que gustaban mucho a la concurrencia. Además, a cada rato lo contrataban en Laredo como maestro de ceremonias —porque el inglés siempre se le ha dado muy bien— para anunciar los bailes que ahí se organizaban y que eran amenizados por orquestas de la talla de la de Xavier Cugat. En uno de estos festejos se topó con su antiguo patrón, quien le dijo que las puertas de la emisora en Monterrey estaban abiertas, y ni tardo ni perezoso regresó a su tierra adoptiva y a los brazos de su familia.

Pero el deseo de triunfo lo jalaba a la ciudad de México. En 1948, nuevamente deja todo lo que tenía, agarra su maleta para viajar rumbo a la capital del país y de nuevo le va como en feria razón por la cual tiene que retornar a los siempre cálidos brazos de su patria chica adoptiva.

—Válgame Dios, sí que me iba mal. No es que no encontrara trabajo como "pelao" que era, sino que el dinero que ganaba era bien poco. Ya hasta estaba pensando en abandonar el medio en que se desarrollaba —dijo una vez.

Aunque la verdad, no era muy cierto. Eulalio tenía ganas de triunfar y éstas son fundamentales. Un primer paso que te puede llevar bien arriba o hasta el fondo de la pendiente. En muchas ocasiones si lo consigues, tiene que ver mucho la tenacidad, un poco la suerte y mucho el talento, y las tres cosas las tenía Piporro. Muchos después habría de decir, que a él las cosas le llegaron naturalmente, como si no las hubiera buscado, pero su historia parece que es un poco al revés. Es una lucha de voluntad y tenacidad que no estaban reñidas con el gusto por hacer lo que le gustaba. Si bien la filmografía de Piporro es escasa y muchas veces mal aprovechado como actor, no puede decirse que no hizo lo que quería. Lo hizo y eso quizá le forjó para ser el Piporro en las buenas y en las malas.

Así que intentó de nuevo en 1950 colocarse en alguna radiodifusora de la ciudad de México, aunque antes, se ase-

En 1948 viaja rumbo a la capital del país con la esperanza de mejorar pero...

guró de tener como respaldo su trabajo como locutor en Monterrey, por lo cual pidió un permiso que fue muy debatido, pero que finalmente le concedieron.

En la primavera de 1950, en la estación de Buenavista —hoy cerrada a piedra y lodo—, un joven norteño de 29 años —es decir, que ya no se cocía al primer hervor— descendió nuevamente del tren que lo había traído de Monterrey. Hacía calor en la ciudad, no eran los calorones del verano de Monterrey, era el calor de una ciudad que pretendía ser moderna, que tenía vida nocturna, que se convertía en metrópoli, y que como un candil atraía aves de todos los rincones del país. Era una ciudad muy moderna y a la vez muy provinciana, como ha sido siempre.

Piporro iba esta vez por todo.

6

Luces de la ciudad

Piporro llegó la ciudad el 13 de mayo de 1950 y se quedó ya de manera definitiva por espacio de 30 años. Sin embargo, también tuvo que tocar muchas puertas y olvidarse por supuesto de todas las desconsideraciones y cortones de los que fue objeto a la hora de visitar a aquellos artistas que le habían prometido echarle una mano cuando lo conocieron como presentador en Nuevo Laredo y en Monterrey.

Muchas tardes y aun noches se pasó recorriendo centros nocturnos en busca de un puesto como maestro de ceremonias, y muchas otras las pasó en la entrada de la W, en la calle de Ayuntamiento, esperando una oportunidad para mostrar sus dotes como locutor. Hasta había rentado un cuartito por la calle de Luis Moya para estar más cerca de la estación en la que esperaba algún día ser locutor —aun cuando no lo fue nunca, por lo menos de planta.

De hecho, con total desparpajo, una vez que lograba burlar la vigilancia del portero, se dirigía a los directivos de la estación, los saludaba de muy buen modo y, aunque no conseguía nada de chamba, tenía por lo menos una presencia constante que a veces redundaba en una prueba, alguna recomendación... Alguna vez Emilio Azcárraga Vidaurreta le dijo que se presentara con Amado Guzmán para que le hicieran una prueba de voz lo cual, como le explicó el propio Guzmán, no garantizaba que se le fuera a dar un puesto dentro del rol de locutores de la emisora. Y no era para menos, había en ese entonces un gran número de profesionales de la locución que aguardaban ingresar en las filas de la W donde se desempeñaban, entre muchos otros, Pedro de Lille, Rafael Bernal y Álvaro Gálvez y Fuentes.

Así que al paso de algunas semanas, al Piporro ya le habían entrado ganas de regresarse a Monterrey cuando ocurrió lo inesperado. Una noche mientras hacía guardia en la entrada de la W, vio arribar a Pedro Infante rodeado por una escolta de motociclistas.

Eulalio no quiso acercarse "ciscado" como estaba por los cortones y las malas caras que le habían hecho otros de sus supuestos amigos, pero fue el propio Pedro quien mandó a uno de los miembros de su escolta a buscarlo y lo hizo pasar a su camerino y esperarlo ahí mientras terminaba su actuación.

En cuanto regresó de su presentación en el programa, Pedro saludó a su amigo y con su clásica franqueza le preguntó qué andaba haciendo por la ciudad, y el Piporro, ni tardo ni perezoso, le contó sus planes para convertirse en maestro de ceremonias de algún centro nocturno y, de ser posible, trabajar como locutor en la W.

Pedro, aun cuando abstemio como es bien sabido, le prometió que a la noche siguiente recorrerían algunos centros nocturnos, para ver si en alguno de ellos encontraba acomodo y, cumpliendo con su palabra, al día siguiente los dos amigos recorrieron diversos lugares en busca de trabajo. Visitaron el Teocali, donde Antonio Aguilar fungía como maestro de ceremonias, y luego el Argel, donde encontraron la oportunidad que andaban buscando ya que le ofrecieron al Piporro una suplencia. Al poco tiempo, Eulalio ya fungía como maestro de ceremonias de aquel lugar con un sueldo de 10 pesos diarios que le garantizaban techo y comida, además de uno que otro lujo, como comprarse de cuando en cuando un buen puro o darse un banquete en el restaurante Tampico.

En aquel entonces, aun cuando ya estaba a punto de terminar la vida nocturna de la ciudad gracias a las medidas impuestas por Uruchurtu que acabaron con la bohemia y los centros nocturnos, México vivía aún de noche, y caminar por sus calles ya entrada la madrugada era más o menos normal. Así que animado por estas circunstancias, el Piporro se entregó de lleno a su trabajo, incluso no quitaba el dedo del renglón en la W. En cuanto despertaba, a veces a mitad del día, se iba a la emisora donde invariablemente lo dejaban con un palmo de narices.

Años más tarde, Azcárraga Vidaurreta le recordaría al Piporro que gracias a él, el joven norteño había llegado a ser la estrella que entonces era.

—Pero, ¿cómo, don Emilio? —preguntó admirado el Piporro.

—Muy fácil —le contestó el magnate—, nunca te di la titularidad en la W.

Y el Piporro soltó la carcajada porque la anécdota era muy cierta.

Por esos días Piporro se defendía como fuera para ganar un poco más de dinero. Suplía a su buen amigo Ignacio

Santibáñez quien le recomendó que presentara una prueba para suplir a un actor del cuadro dramático de la W. Al Piporro la idea no le atraía mucho, pero ser actor de cuadro de la W era mejor que ser aplanapasillos. Así que fue a hacerla y resultó aprobado, con lo cual inició prácticamente su carrera como actor, aun cuando había tenido facilidades para la interpretación desde sus años en Guerrero, donde a veces él y su hermano repetían algunas de las escenas de las cintas que habían visto, sobre todo de los *westerns* que tanto les gustaban.

Eulalio aprendió muy pronto el oficio y cómo manejar las inflexiones de la voz para parecer un viejito o un adolescente. De hecho, cuando ya había logrado fama como actor de radio, casi nadie le creía cuando se presentaba ante el público, que él fuera el famoso Piporro que acompañaba a Martín Corona. Piporro sin amilanarse hacía de todo, y en el camino se topó con personajes como Luis Manuel Pelayo, con quien pasó horas divirtiéndose, sobre todo, cuando les tocaba grabar juntos, o con Pedro D'Aguillón, con quien intenta por vez primera un dueto cómico. Los Brincones, que parodiaba al grupo de moda en aquel entonces, Los Bribones.

Hay que decir, que en aquellos días los programas de variedades eran habitualmente en vivo, lo que hacía mucho más difícil una presentación. De hecho, era de esta forma como se labraban las grandes estrellas de aquel tiempo, y qué esperanzas que el público permitiese el uso del *playback*. Así que cada vez que aparecían ante el respetable, los cantantes y actores se rifaban la piel.

Los Bribones eran un dueto que, gracias a la radio, habían alcanzado la categoría de superestrellas. En aquel tiem-

Pronto aprendió el oficio de locutor y, lo mismo interpretaba a un adolescente que a un viejito.

po sus canciones eran éxitos casi instantáneos, y los dos amigos norteños decidieron seguir sus pasos para hacer una parodia de las interpretaciones de "Los aguaceros de mayo", "Dos cosas" —"tengo yo dos cosas tuyas, que te quiero devolver, un rizo de tus cabellos y un beso que te robé", ¿se acuerdan?— o "Mil besos".

Sin embargo, no contaban con que eran tan divertidos, que a la mera hora acababan riéndose de sus propias payasadas y los espectadores no entraban en su juego.

Fue Manuel Tamez —Régulo— quien los desengañó inicialmente, al decirles que ambos eran muy buenos, pero que en pareja eran un verdadero desastre. Ambos comediantes estuvieron de acuerdo y se separaron, pero ni así dejaron de ser amigos.

En cuanto a su trabajo como actor, el Piporro intervino al lado de Arturo de Córdova en algunos de los programas que por entonces eran los estelares de la W. En una ocasión tuvo que suplir a la estrella que, ante la pobreza del libreto, abandonó la grabación. Imaginen ustedes los nervios que asaltaron a Eulalio en el momento cuando el locutor que anunciaba la serie *El libro de mi vida*. En lugar de presentarlo como un sustituto, hizo la entrada habitual en la que el protagonista era Arturo de Córdova.

Pero todavía peor fue la desilusión del público, cuando escucharon que el actor yucateco había adquirido una nueva voz, una con un tono ligeramente norteño.

Lo bueno fue, en todo caso, que el Piporro salió airoso del paso y que Arturo de Córdova se expresó muy bien del actor que lo había suplido, e insistió en que lo incluyeran en capítulos posteriores de la serie.

De hecho, algún tiempo después, Piporro acompañó a su amigo Pedro D'Aguillón a los Estudios Churubusco para hacer una prueba y aparecer entre los actores de cuadro de una película. Piporro sólo estaba de mirón pero, para sorpresa de todos y el coraje de muchos de los que ahí esperaban, fue llamado al camerino del encargado de las contrataciones.

Cuál no sería su sorpresa, al enterarse que era el mismo Arturo de Córdova quien en ese momento se encontraba contratando a los actores de cuadro y que, al reconocerlo, lo había mandado llamar para hacerlo aparecer en la cinta.

De Córdova llamó a uno de sus asistentes para pedirle que le dieran un papel al joven actor que en algún momento lo había sustituido en la radio. Pero ya todos estaban cubiertos, con excepción del de carcelero segundo, que no era más que un "bit", es decir, una aparición sin diálogo y sin crédito en pantalla. Pero entonces fue el mismo Arturo de Córdova quien se negó a que el Piporro fuera contratado. Y no valieron ni siquiera las protestas del joven Eulalio que deseaba con ansias alternar en la pantalla con el gran actor yucateco y, por supuesto, los 200 pesos que se le pagarían por aquel bit.

Sin embargo, De Córdova se negó de plano a permitir que su compañero en la radio no tuviera un papel a la altura de lo que buscaba.

Poco después le explicó su decisión. A los productores les encantaba tener actores mal pagados, dispuestos a lo que fuera con tal de tener un pequeño papel en una película. Y eso no era nada digno porque se acostumbraban a pagar una bicoca por los servicios profesionales. Y remató: "En el cine como en el póker, tienes que aprender a pasar y pasar hasta que te caiga una buena mano."

—Fue un buen consejo —diría tiempo después el Piporro—, lo malo fue que nunca lo seguí al pie de la letra porque de plano a veces era muy baratero.

Y de nuevo su buena estrella vino en su ayuda. Durante una de sus vueltas por los Churubusco —ya más encarrerado en el camino de la actuación que en el de la locución, acompañado de su amigo Víctor Alcocer, el Piporro se encontró con un viejo conocido y paisano, Fernando Fernández, a quien había presentando durante sus años de maestro de ceremonias en Monterrey y que en esos momentos se encontraba a punto de participar en la cinta *La muerte enamorada,* la que también significó el debut de Mauricio Garcés, a quien el Piporro había conocido mientras hacía unos comerciales para la cerveza Victoria con el fotógrafo Feres Yazbeck, tío del celebérrimo "Zorro Plateado".

Fernández, enterado de los avatares de su amigo, llamó al productor Antonio Matouk —también muy buen amigo de Yazbeck— y le pidió que le diera un papelito a su paisano. Fue así como el Piporro debutó en el cine nacional con la grata compañía de Miroslava y el Che Reyes, además de Fernando Fernández.

Ya picado por el gusanito del cine, Eulalio González empezó a darse sus vueltas por los estudios para ver si sacaba algún papelito, y a punto estuvo de ser descubierto como el nuevo charro cantor por Luis Manrique, quien le hizo una prueba de sonido, lo obligó a cantar una canción y hasta lo recomendó con Gregorio Wallerstein para que le diera una oportunidad como cantante, sin saber que muchos años más adelante, el propio Wallerstein producirá alguna de las mejores cintas del Piporro.

El productor le dio la oportunidad de hacer una prueba en una película dirigida por Chano Urueta —*La estatua de carne*—. Su participación fue mínima y también la impresión que le causó al director, por lo que, de plano, fue borrado como futuro cantante y galán. De nuevo las cosas no parecían pintar muy bien para el Piporro, pero otro golpe de suerte o quizás el estar en el lugar adecuado a la hora adecuada, vino a transformar su carrera, y hasta le dio el nombre con el que sería conocido internacionalmente: El Piporro, el compañero de Martín Corona, ni más ni menos.

7

Martín Corona

Uno de esos días en que Eulalio andaba de un lado para otro en busca del diario sustento, lo mandaron llamar de la agencia de publicidad que manejaba el Bachiller Álvaro Gálvez y Fuentes. Se trataba de hacer un *casting* —como se dice ahora— con actores de la W para un programa que, aparentemente, sería muy importante y con un alto nivel de audiencia.

Eulalio grabó su voz en un acetato de 33 rpm, de ésos que prácticamente han dejado de existir, y ésta quedó registrada en el *track* cinco. El personaje que Eulalio González tenía que interpretar, era un viejo norteño a quien apodaban El Piporro.

Pocos días después de haber grabado esta prueba, Eulalio fue abordado en los pasillos de la W —"donde me paseaba no'más para hacer roncha", dijo alguna vez— por un enviado de Gálvez y Fuentes, quien lo solicitaba en su oficina donde, a la sazón, ya estaba Pedro Infante.

Y cuál no sería su sorpresa al enterarse que había sido el mismo Pedrito quien insistió que el del *track* cinco tenía la voz que se necesitaba para interpretar al personaje. De hecho, Eulalio tenía casi un año sin toparse con el cantante, toda vez que él ya era una estrella y sus múltiples compromisos le dejaban muy poco tiempo para hacer vida social.

Gracias al apoyo de Pedro y a su buena interpretación del personaje, Eulalio González se convirtió en "el Piporro" de la serie *¡Ahí viene Martín Corona!*

Hay quienes aseguran que Eulalio González sustituyó en la serie a Agustín Insunza, quien era un reconocido actor de cine. Se dice también que el papel había sido pensado para Soto Mantequilla, pero que al escuchar la voz del Piporro, Pedro había optado por él. En todo caso a la oportunidad la pintan calva, como se dice, y Eulalio se prendió a ella con todas sus fuerzas y con justificada razón, ya que el programa fue un exitazo y que a la par le dio al Piporro una oportunidad única de lucimiento. También cimentó aún más la ya de por sí muy buena fama que tenía Pedro Infante. La serie, que se transmitía los miércoles y se grababa en un estudio sin público, era producida por Gálvez y Fuentes, y los efectos sonoros, se dice, tenían que ser muy precisos. Incluso, una vez que necesitaban unos balazos muy realistas, el propio Pedro se ofreció de voluntario para hacerlos. Le pidió a uno de sus asistentes una pistola 45 y una cabina: grabó los dos balazos dejando sendos hoyos en el piso que todavía estaban como recuerdo hace unos 30 años atrás.

Pedro Infante representaba en la serie a un aventurero, ranchero, muy entrón, muy valiente, que siempre andaba resolviendo problemas e injusticias, y cuya contraparte, medio insensata y dicharachera, era precisamente el Piporro, nombre con el que entonces empezó a ser conocido el joven actor Eulalio González.

—Y es que al tal Eulalio no lo conocía nadie, y menos cuando me presentaba como el Piporro, tenía 29 años y todos pensaban que era viejito simpático —recordaría alguna vez el Piporro.

En todo caso, el Piporro fue el compañero ideal de muchas de las aventuras de Martín Corona que se grababa en el estudio seis de la Q y donde conoció a actores como Irma Dorantes, Narciso Busquets y un ayudante a quien por su tamaño y su cara de niño llamaban "Chabelo and half", que sí, se trataba precisamente del actual ídolo de los niños.

Y como la buena suerte viene en rachas, al poco rato ya estaba dentro de los actores de cuadro del programa que el Panzón Panseco tenía en la W y donde interpretaba al Tío Delfino, personaje muy similar al Piporro de la otra serie. Ahí alternó al lado de figuras como Salvador Carrasco, el celebérrimo y auténtico "Monje Loco".

Pero no todo era miel sobre hojuelas, y como ambas emisiones tuvieron éxito, se le indicó al Piporro que tenía que abandonar una, y por supuesto que escogió la de Panseco, ya que estar al lado de Pedro Infante era una oportunidad que todo el mundo anhelaba.

Sin embargo, cuando se pensó en llevar a la serie radiofónica a la pantalla grande, la juventud de Eulalio pesó mucho. De hecho, cuando empezaron a correr los rumores en torno a la posible filmación, el Piporro, alertado por sus amigos, se presentó en las oficinas del productor Miguel Zacarías. En un principio se negaron a permitirle el paso, ya que no tenía cita con el famoso productor. Sin embargo, pudo más la insistencia del norteño quien, cuando estuvo frente a aquél, le dijo que quería ver la posibilidad de ser el Piporro en la pantalla grande. Zacarías no daba crédito a lo que veía y escuchaba. Aquel joven treintañero que postulaba ni más ni menos por un coestelar, no sólo era el personaje que hacía la voz de Piporro sino que no tenía experiencia alguna en el cine, así que acabó proponiéndole que participara en una película que estaba por filmarse.

La reacción de Eulalilo fue de lo más sorpresiva.

—No más le dije que en ese momento no me hacía falta trabajo. Que yo quería hacer al Piporro en el cine, pero que no me diera cualquier papelito porque con las radionovelas me daba más que por satisfecho —le contó el Piporro a un incrédulo Pedro Infante mientras grababan el nuevo capítulo de *¡Ahí viene Martín Corona!* La verdad era que en aquellos tiempos resultaba sumamente difícil no hacerle caso a los consejos de un productor que, incluso, podía acabar con la carrera de cualquier aspirante a actor. Pero el Piporro no tuvo miedo de decir que no, y lo curioso fue que aquel acto llamó la atención del productor quien lo consideró para una de sus películas. Y Eulalio regresó a verlo para agradecerle el interés y dejar en claro cualquier malentendido y, a la larga, terminaría siendo gran amigo de Miguel Zacarías.

Así que en 1951 apareció en la cinta *Necesito dinero,* dirigida por el propio Zacarías y en la que también aparecía la joven estrella española, aún no muy famosa, Sarita Montiel, al lado del galán Pedro Infante, quien interpretaba a un mecánico que, a punto de volverse rico, desiste en su intento a cambio del amor y de una vida honesta, mientras que Eulalio era un pretendiente de la Montiel a quien le tocaron casi todas las bofetadas que repartió en el filme la actriz española. Lo que pocos saben, es que el guión de la cinta fue obra de un famoso exiliado español: Max Aub.

Y antes de que le llegara la oportunidad de demostrar sus dotes histriónicas en el cine como El Piporro, Eulalio trabajó en otras cintas donde ya empezaba a mostrarse como el espléndido comediante que llegaría a ser. En *Dancing* (*Salón de baile*), trabajó a lado de Meche Barba, Manolo Fábregas y Roberto Cobo, representando increíblemente a un maestro de ceremonias encargado de presentar ni nada más ni nada menos, que a la Orquesta de Dámaso Pérez Prado.

Otras cintas en las que intervino fueron: *Había una vez un marido* y *Sí, mi vida,* además de suplir a Víctor Alcocer en *La extraña pasajera,* que fue dirigida por Fernando A. Rivero.

Muchos años después, el Piporro contaba divertido que había conseguido permanecer todo el tiempo en pantalla con su papel como conductor de un tren no porque su actuación fuera my buena, sino porque con su presencia ocultaba un reflector que de otra forma se vería a cuadro y eso le dio para estar 15 días corridos en la filmación.

Por supuesto que, poco después, cuando finalmente se decidió llevar al cine a Martín Corona, Eulalio no estaba considerado para el papel del Piporro. Sin embargo, nuevamente su buena estrella vino en su auxilio, pues aun cuando se hicieron muchas audiciones con diversos actores ninguno dio el ancho. Así que Pedro Infante aprovechó la ocasión para recomendarle a Miguel Zacarías por enésima ocasión a Eulalio González. Y el productor y director aceptó hacerle una prueba, contando ni más ni menos que con Gabriel Figueroa como director de cámaras, uno de los grandes del cine en México y quien, por si fuera poco, tenía fama de detallista y quisquilloso, así que no le gustó para nada el envejecimiento al que los maquillistas sometieron al joven actor. Cuando finalmente estuvo de acuerdo con los resultados, aceptó que se filmara, pero entonces surgió otro obstáculo: no había libreto.

Nuevamente fue Pedrito quien salvó la situación, puesto que durante las transmisiones de *¡Ahí vine Martín Corona!* prefería aprenderse los papeles de memoria para no tener que leerlos frente al micrófono.

Así que simplemente le recordó a Eulalio una escena determinada y se pusieron a actuar. Fue tan buena la actuación de los dos, que la prueba se extendió por casi 20 minutos, hasta que Gabriel Figueroa cortó para que no acabasen con la película ahí mismo.

Figueroa aún tenía sus dudas sobre la edad del personaje, pero aceptó a Eulalio por lo bien que interpretaba al personaje. Con la recreación de El Piporro, Eulalio llegaba a su consagración a mediados de la década de los cincuenta. Sin embargo, aún faltaba mucho para que se convirtiera en el norteño por excelencia, y fueron dos cintas sobre Martín Corona las que le permitirían comenzar a trabajar algunas de las características que lo harían un cómico sin par. Alentado por el propio Miguel Zacarías, comenzó a escribir algunas "muletillas" que le dieron la experiencia como para que, posteriormente, se animara a escribir sus propios guiones. Incluso en alguna ocasión acompañó a Soto "Mantequilla" y al propio Infante y Jorge Negrete en el teatro Lírico (curiosamente en esta revista los dos ídolos de México interpretaban aquel célebre duelo verbal que arrebataba al público y que se había visto en *Dos tipos de cuidado*) cuando ya la película se había estrenado. De hecho, participó en la serenata que se daba al final de la obra, aunque para ello tuvieron que caracterizarlo de viejito norteño, imagen que todo el público estaba acostumbrado a ver y a oír.

Lo increíble fue que el público no reconoció al Piporro, sino hasta cuando éste comenzó a hablar, tal y como lo hacía en la cinta. En las dos cintas (porque curiosamente se filmaron al mismo tiempo *¡Ahí viene Martín Corona!* y *Vuelve Martín Corona* o *El enamorado*); ambas películas fueron dirigidas por Miguel Zacarías y llevaron en el estelar femenino a la guapísima y —en aquel tiempo— muy joven Sara Montiel, quien aún no poseía la fama que alcanzaría años después cuando triunfó a toda línea con *El último cuplé*.

La parte "chistosa" por supuesto que la llevaba Piporro, y aun cuando la acción de la cinta transcurría en Saltillo, Coahuila, a mediados del siglo XIX, la verdad es que casi todo se filmó en los Estudios Churubusco con algunas locaciones en la carretera a Cuernavaca.

Se cuenta que Pedro y Piporro se sabían tan bien sus personajes, que en un par de ocasiones continuaban posesionados del papel hasta bien entrada la tarde, cuando salían de los estudios y se dirigían a la radio o al teatro.

Después de su triunfo el Piporro no podía quedarse dormido en sus laureles y tuvo que trabajar muy duro para conseguir nuevos papeles. Uno de ellos fue en la serie *El águila negra* donde compartía el escenario con "Mantequilla", y ambos eran una especie de secretarios y amigos del galán de la cinta, Fernado Casanova.

8

Las tablas del Piporro

Eulalio González "Piporro" es, sin duda alguna, ejemplo de las ganas de trabajar y de ser actor. Otro menos decidido quizá hubiera tirado la cobija a las primeras de cambio. Pero él no, aun cuando la gente ya lo reconocía como el simpático viejito dicharachero que acompañaba a Pedro Infante. Pero una cosa era acompañar a Pedrito, y otra muy distinta ser aplaudido por sus propios méritos.

Durante sus primeras actuaciones en el teatro, al Piporro no le fue muy bien que digamos, y mucho menos haciendo "cortina", como entonces se llamaba a los que actuaban entre número y número. A la primera semana ya estaba desesperado porque eran muy pocos los que entendían el lenguaje del cómico norteño y menos aún su humor.

Aun cuando su apariencia era el estereotipo del norteño —bronco, patibulario, aventado y poco dado a cortesías—, la verdad es que cuando usaba pistola, el Piporro era dicharachero, divertido, bueno pa'l baile (lo que en aquel tiempo no se acostumbraba).

De hecho, la pistola "no más la traiba de adorno —dijo alguna vez— porque no la sabía ni usar".

"La pistola nomás la traiba de adorno, porque no la sabía usar".

Es más, hasta tenía un chiste con respecto al arma. La sacaba en pleno espectáculo y le jalaba al gatillo, pero no pasaba nada. Cuando el público empezaba a burlarse de él, entonces decía:

—Pérese, pérese. Si yo no sé por qué no truena, si la compré en Monterrey.

De hecho, alguna vez en los Estados Unidos los aduaneros le quisieron quitar la pistola aduciendo que era cantante y no pistolero, y el Piporro les contestó con toda seriedad:

—Sí, pero hay muchos a los que nos les gusta cómo gorgorello.

De cualquier manera, poco a poco el humor del Piporro se iba colando en el gusto del público, y al poco rato ya estaba en el teatro Esperanza Iris —hoy teatro de la Ciudad—, capeando el temporal de protestas debido a que su acto venía exactamente después de un número musical mucho más gustado. Sin embargo, la gracia y la simpatía del comediante se echaron al público a la bolsa y salió bien librado del asunto.

Durante su primera temporada en este teatro, el Piporro conoció al inolvidable Jesús Martínez "Palillo", quien con el tiempo se convertiría en su empresario en el Follies, aunque para ello tuvo que sufrir en carne propia el sentido del humor del cómico jalisciense cuando le prestó a una de las actrices de cuadro su sombrero y al verla sobre el escenario don Jesús le dijo:

—Ya llegó esta hija del Piporro, que no sabes que ése parece gángster, bailarín y cantante…

Más tarde, ya en el Follies, una noche cargó la pistola del Piporro con balas de gas lacrimógeno, y cuando la disparó, todo mundo en el escenario empezó a llorar ante los reclamos del empresario —Palillo, pues—quien les dijo que ellos no estaban contratados para hacer llorar, sino Goyo Dante, un declamador que, en su día, fue bastante famoso.

Pero si bien ya todo el mundo conocía al Piporro de la radio y del cine, pocos lo conocían como el avezado bailarín de norteño que era. En el Follies, de la mano de Palillo, Piporro se convierte en el *showman* que todos conocemos. De hecho, el propio Palillo quien lo bautizaría como "El rey del taconazo", por aquella canción que hablaba de cómo se debería de bailar ese clarísimo antecedente de la quebradita, y que nos obliga a sacar el espinazo a la hora de taconaer y zangolotearse. De hecho, la canción inspiró al extraordinario Dámaso Pérez Prado a componer el "Mambo del taconazo", cuya inmortal letra va más o menos así: "y éste es el mambo, y éste el mambo del taconazo y el taconazo, el taconazo, el taconazo del mambo."

De alguna manera, en el Follies el Piporro comenzó a ponerle prólogo a sus canciones. Así que cuando interpretaba "El taconazo", contaba la historia de cómo se había inspirado para componerla la noche de un baile en que no encontraba muchachas y tuvo que meterse hasta el baño de mujeres para conseguir pareja.

"Entre la gritería que formaron, alcancé a agarrar una muchachona de mi tamaño, pero de pie chiquito —muy livianita—, y yo pata ancha, muy andado... ¡noo! Andaba bailando feliz de la vida, cuando se me acercó un pelao con una pistola en la mano y me la puso en la cintura (a lo mejor era el novio o alguien a quien quise hacer cuñao) y... el pelao ese que no aflojaba la cintura con la pistola. ¡Pero cómo le iba a parar, si andaba bailando tan a gusto y todavía no terminaba la pieza! Y yo bailé y bailé con la cintura 'apergollada' con la pistola del pelao, ¡hasta que no aguanté más!... ¡Tuve que bailar tres piezas con él también!"

Y luego de la carcajada del respetable, el Piporro comenzaba a cantar:

Suénele con fe al bailazo
agarre bailadora, agárrela del brazo.
"Rodellele" la cintura
y saque polvareda con el taconazo.

Y mientras hacía sus pininos en el teatro, el Piporro también buscaba colarse como fuera en las películas de dos semanas que por entonces todos los productores realizaban. De hecho, el Piporro participó en tres cintas en serie al lado de Antonio Badú y Fernando Casanova. Fue el mismo Badú quien lo recomendó con Sergio Kogan, cabeza de la compañía productora, aun cuando el verdadero dueño era Cantinflas.

Las cintas fueron *¡Ay Calipso no te rajes!*, *Tres desgraciados con suerte* y *Los resbalosos*. Aun cuando como en muchas otras ocasiones Piporro tuvo que luchar por su paga, obtuvo el tercer crédito y algo más: por primera vez apareció como un Piporro joven en pantalla, dicharachero y simpático, pero sin las canas ni las arrugas que le habían puesto en el cine.

Así fue como nació ese personaje de quien Carlos Monsiváis ha dicho que nació y vivió "en el norte abandonado e ignorado por el centralismo, que protege o inventa su identidad acudiendo a un habla muy asentada todavía en los arcaísmos mexicanos, penetrada por fuerza por los anglicismos y compuesta por refranes, decenas de miles de comprimidos de la sabiduría comunitaria.

"Suénele con fe al bailazo, agarre bailadora..."

El refranero le dio a Piporro la estructura secuencial de su lenguaje y sobre la marcha él urde refranes para enfrentar situaciones desconocidas. En este libro hay decenas o centenas de refranes que inventa (...) Yo creo que desde la Edad Media nadie había inventado tantos refranes como él. Entre otros soportes, su humor requiere de la agilidad magnífica para, por así decirlo, improvisar la tradición."

En 1957, Piporro filmó la que sería una de sus primeras grandes películas: *Échenme al gato,* al lado de Resortes y dirigido por Alejandro Galindo, y donde interpretaba a un policía norteño, quizás el primero que hubo en la ciudad de México quien perseguía a un ladrón, El Gato, cuya mano había ido a parar por azares del destino a la del modesto empleado de una farmacia, Margarito. Con científicos locos y momentos de inigualable comicidad, *Échenme al gato* significó uno de los mejores momentos para Resortes y también para Piporro, de tal suerte que ahí mismo —el chilango y el norteño—cimentaron una amistad que se mantuvo a lo largo de toda la vida. En los últimos años, ya viviendo en Monterrey, Resortes viajaba a la ciudad del cerro de La Silla para celebrar junto con su amigo los esperados cumpleaños en El Rey del Cabrito.

Y Piporro le tenía un gran cariño al extraordinario bailarín. No era para menos: los dos de alguna manera con un encanto natural y actores hechos por sí mismos, quizás el cine no supo utilizarlos y mucho menos la televisión.

9

Las canciones del Piporro

Una de las virtudes cardinales del gran Piporro ha sido sin duda su manera de cantar. Nadie que lo haya escuchado ha quedado incólume ante la acometida del norteño: "Chulas fronteras", "Don Baldomero", "El párpado caído (sic)"; sus interpretaciones de los corridos como "Rosita Alvirez" o "Los caballos que corrieron" tienen humor, ingenio, desparpajo y su forma de interpretarlas ha sido siempre sorprendente.

Las canciones son como actuadas, y en muchas ocasiones el chascarrillo o el golpe de humor salta cuando menos se espera. A la cabalgata infernal de don Baldomero en pos de su hija, robada por el vaquero, se opone el perdón condicionado y risible del padre, y cuando Rosita Alvirez alguien grita: ¡échenle aire para que el mecánico de la esquina le ponga 20 libras!

También está "El ojo de vidrio", cuyas huestes blanquean los cerros de puros encalzonados y el comentario del Piporro: "blanqueaban los que traiban, porque los que no, pues no más negreaba".

En "Chulas fronteras" está aquel chispeante diálogo con el aduanero gringo que le pide que espere —*wait*, en inglés—para que el Piporro le responda para confundirlo, pues lo que lleva a cuestas es pura cosa legal, mejor *you* "güey". La invención verbal, la inclusión de palabras en inglés, tan común en la frontera donde se crío y creció, tiene aquí presencia más que válida.

En la misma canción la historia de amor se ve rota por el sentido del humor, lo que sin duda es un hecho subversivo por excelencia: "una muchacha en el puente, blanca flor de primavera, me miraba me miraba. Le pedí me resolviera si acaso yo le gustaba, pero ella quería otra cosa, le ayudara en la pasada."

Y qué decir de esa obra maestra del uso del inglés y el español y el trastrocamiento del significado de las palabras que se da en Natalio Reyes Colás, pelado bravo audaz, "el Río Bravo crecido cruzó sin mirar atrás, dejando novia, comprometida con quien casarse." Y el pobre de Natalio en cuanto cruza la frontera, se encuentra con una gringuita que luego luego le cambia el nombre: por Natalio, Nat; por Reyes, King, y Colás, Cole, de tal suerte que el pelado quedó convertido en Nat King Cole.

El mismo Piporro decía que todo ello formaba parte de un estilo y una época: "creo que ya quedaron dentro del folclore, son canciones que tengo que cantarlas siempre porque afortunadamente las recuerdan. Fue el humor de la canción norteña... no tanto norteña, sino pueblerina, y el pueblo abarca un poquito más que una sola región."

Fue su amigo Fernando Z. Maldonado —también compositor— quien lo puso en camino de grabar sus canciones al llevarlo a una fiesta en su departamento, donde Piporro interpretó, platicadita como le gustaba hacerlo, "Agustín Jaime" ("Y un amigo de él con mala intención, le dio una estocada en el corazón"). Al escuchar la canción, un entusiasta productor joven le propuso que al lunes siguiente grabara la canción.

Pero Piporro no asistió a la cita porque pensó que era una broma o una hablada soltada al calor de las copas, cuál no sería su sorpresa cuando recibió el telefonazo de Z. Maldonado, quien le dijo que lo habían estado esperando al lado de aquel joven que era Eduardo "Bayo" Baptista, un alto ejecutivo de la compañía discográfica Musart.

Ayudado de nuevo por su amigo, Piporro hizo una nueva cita para grabar su disco que incluyó por supuesto: "Agustín Jaime", "Arnulfo González", "Contrabandistas contra aduanales" —que había escrito su padre— y "¡Mira cómo me tráis!", de la inspiración del propio Piporro.

El Piporro se caracterizó también por recrear de manera efectiva muchos temas populares, corridos, incluso tangos y pasodobles y todo tipo de canciones. Su comentario mordaz encerraba en ocasiones una crítica o un comentario bastante certero sobre la realidad, pero sobre todo tuvo en los temas populares un territorio que pocos grupos han explorado y explotado. Se habla mucho de Tin Tan y de su influencia sobre el lenguaje de los jóvenes, pero muy pocos han pensado en la forma como las canciones de Piporro pudieron influir en grupos como Café Tacuba o en Jaime López, quien incluyó la voz del Piporro en uno de sus discos: "Nordaka", y en donde aprovecha esta maravillosa cualidad del Piporro para comentar las letras de las canciones.

"Todas son críticas —decía el Piporro refiriéndose a sus canciones—, por ejemplo 'El ojo de vidrio', que no es más que un corrido clásico, épico, machista. En la recreación yo lo que hacía, era una desmitificación del personaje: 'No apuntaba con el ojo bueno porque estaba miope, pero con el de vidrio miraba con aumento: un bulto bruto. Hacía de cuenta que tiraba a boca de jarro, no le erraba.' A veces me decía: ¿oye, y tus canciones cómicas? Y no es cierto, las canciones no son cómicas; mientras más serias sean, es mejor, porque me sirven de contrapunto."

Lo curioso, en todo caso, es que el Piporro jamás recibió un comentario negativo por parte de los compositores de las canciones que parodiaba, ni siquiera, José Alfredo Jiménez, cuya "Llegó borracho el borracho", Piporro presentaba en su propia versión.

—"Al contrario, tanto José Alfredo como Víctor Cordero me pidieron personalmente que les grabara 'Llegó borracho...' y 'El ojo de vidrio'. Es más, yo jamás me molestaría si otros intérpretes deciden grabar mis canciones", dijo alguna vez Piporro.

De hecho, además de vivir algunas anécdotas divertidas al lado de José Alfredo y de pasear en el famoso cadillac que le inspiró el célebre "Corrido del caballo blanco", Piporro también grabó "El perro negro".

Es más, algunos de estos compositores fueron sus amigos: a Chava Flores lo conoció en la W, en un programa donde él era, como siempre, un norteño despistado, y el autor de "El gato viudo", un chafirete que trataba de ayudar a su despistado amigo.

Otro de los elementos característicos de las canciones de Piporro, es el comentario que siempre intercala el intérprete. Es como el grito de Javier Solís o el remate de Paqui-

Piporro jamás recibió una crítica por parte de los autores de las canciones que parodiaba.

ta la del Barrio, sólo que cambia, es mucho más amplio, se extiende al contexto mismo de la canción.

"Todo tiene su sentido, y como los mexicanos afortunadamente tenemos un sentido del humor a ultranza, mucho más allá, no necesitas decir las cosas directamente; ahora hay una tendencia a hacerlo así, pero eso es una moda. Lo que tiene vigencia siempre es lo otro, el humor."

Y por supuesto que en todo caso lo mejor del Piporro era la forma como mezclaba los ritmos, casi de una manera postmoderna. Piporro jamás se encasilló como cantante e intérprete. Cada canción la trabajaba recreando los juegos de palabras necesarios y actuándola poco a poco. Escribir para él era casi un montaje, porque iba preparando los comentarios, chascarrillos, los cambios que cada interpretación tenía.

"Yo lo que traté de hacer —comentaba—, fue la diversificación del personaje, muchas veces me presentan como el artista de la música norteña, y yo no soy el artista de la música norteña. La música norteña existía antes, existe y existirá. Yo fui una variación de la música mexicana."

Pero entre todas su creaciones, destacan sin duda "Chulas Fronteras", una canción escrita hace 40 años y que se ha convertido en símbolo de la trayectoria del artista, tema que también posteriormente iría al cine. Le siguen canciones como "El taconazo" y "Don Baldomero", las que marcaron su vida profesional en la pantalla.

Más adelante aparecería "La Chevecha", donde se escucha decir al cantante: "qué bonito gorgorella la cerveza en la botella."

También "Los ojos de Pancha", donde promete hacer un jardín con flores amarillas. Sin olvidar al "Abuelo ye ye", símbolo de una modernidad que el Piporro supo encarnar sin dejar de lado su tradicional estilo norteño. No en balde sigue siendo hoy en día, uno de los intérpretes más escuchados y más gustados.

Las canciones del Piporro son el ejemplo más claro de la manera como llegó a calar su canción en el gusto del público y cómo el norteño empezó a ser reconocido como parte de un país multifacético. Frente al cantante de boleros tradicionales o al bolero ranchero, el Piporro se convierte en el alma fronteriza, norteña por excelencia, con un buen sombrero arriscado y camisola a cuadros. Es una nueva forma de ser, de entender la realidad nacional y el Piporro se convierte, sin quererlo, en adalid de este nuevo estilo de canto y de esta diversidad que sólo sería reconocida oficialmente muchos años más tarde.

El canto del Piporro es así, pionero de la vida pública y un reto lingüístico, porque es único; sus burlas, sus retruécanos, sus juegos de palabras, inventan al personaje norteño pero, al igual que Tin Tan, es único, irrepetible. Es un modelo no un reflejo. Piporro es una invención, pero divertida, simpática, abierta. Es la continuación de la figura de Pedrito y una prueba contundente de que el Norte también existe.

10

Vida en familia

En 1957, el 20 de marzo, Piporro se casó con Tina Ballí, quien vivía en Monterrey. Su noviazgo había durado un año, pero se conocían de tiempo atrás. Ella era hermana de uno de sus amigos de la infancia, y sus familias eran originarias de Los Herreras. En 1951, mientras filmaba *¡Ahí viene Martín Corona!,* el Piporro la había invitado junto con su prima Yolanda a conocer los estudios, un año antes habían formalizado su noviazgo. Ocurrió en diciembre, en Monterrey, donde el Piporro había ido en busca del calor del hogar y se encontró con Tina en una fiesta. Bailaron varias piezas y luego en Año Nuevo, Piporro le habló desde Ciudad Victoria para declarársele. Fue una relación de largas distancias porque el cómico andaba del tingo al tango y su situación no era del todo boyante. Así que en cuanto tuvo en las manos 11 mil pesos de los de antes —cerca de mil quinientos dólares—, le propuso a su novia que se casaran y ella aceptó. La boda civil se realizó ante un juez, y luego salieron escoltados por un escuadrón de motociclistas que los acompañó al banquete y al aeropuerto.

La boda se realizó en la Iglesia del Sagrado Corazón, del mero centro de Monterrey, y una multitud asistió a observar la boda de uno de sus hijos favoritos, Piporro que, como dijo un desconocido, había encontrado a su Pancha.

La luna de miel fueron apenas tres días en Acapulco y la pareja ya estaba de regreso en México para cumplir con los muchos compromisos que el cantante se echó sobre las espaldas. Vivía entonces a la vuelta de la W, en Luis Moya, en un pequeño cuarto subarrendado en el que apenas entraban. Así que una de las primeras labores que hicieron juntos, fue la búsqueda de una casa. Y la encontraron en la colonia Vértiz-Narvarte. En la calle de Chichén Itzá.

Esa casa fue todo un nido de amor para la pareja que, aunque hoy no se acostumbra, fue una de las parejas más sólidas de la escena nacional. Casi 30 años duró su matrimonio y, luego de la muerte de Tina, el Piporro guardó una fidelidad asombrosa a la memoria de aquella mujer que se convirtió en su compañera en las buenas y en las malas, que le dio cinco hijos y lo hizo parte de su propia familia.

La familia del Piporro que constaba de cinco hermanos, siempre fue muy unida, pero lo mismo puede decirse de la de Tina: típica familia norteña a la que le gustaba pasar las Navidades y las fiestas juntos. Y Tina resultó la mujer ideal para el Piporro, poco a poco amueblaron el pequeño departamento de Chichén Itzá y recibían a sus muchos amigos, entre ellos quien para Piporro ha sido el cómico más completo en la escena nacional, Óscar Pulido. También, por supuesto, iba Fernando Casanova y algunos otros bohemios y amigos cuando terminaban la filmación de una película y salían pitando de los estudios con rumbo a la casa del Piporro a probar el mole de Tina. Pero no contaba con el buen diente de Óscar Pulido, que era capaz de acabar con toda una cazuela de mole.

Ahí, en la casa de Chichén Itzá, Piporro y su esposa vivieron el temblor del 57, el que derrumbó al Ángel de la Independencia. Decía Piporro que nos les había dado miedo nomás porque nunca les había tocado algo así.

El hecho más que nada, dio origen a una anécdota con uno de sus tíos que se creía medio historiador y que alguna vez creyó descubrir que Los Herrera estuvo propuesta como capital de la República: "Imagínate —le dijo una vez al Piporro— qué suerte tuvimos, si hoy fuéramos la capital aquí estaría tiemble y tiemble."

Como vemos, nos es muy difícil averiguar en dónde encontraba su sentido del humor el gran Piporro.

De Chichén Itzá pasaron a California, un viaje muy largo que en la ciudad de México era sólo de unas cuadras y que también significaba un cambio de colonia: de la Vértiz Narvarte a la Portales. Ahí nacieron sus cinco hijos: dos niños y tres niñas, y de la casa guardaba muy gratos recuerdos: Elvira, Lalo, Pablo, Tini y Eliana.

Los cinco fueron el orgullo del Piporro: la primera a los once meses ya tarareaba "El taconazo", mientras que Pablo nació el día último del año, e hizo que su padre, aun cuando era medio regiomontano, sacara ese fin de año a su mamá pero al hospital, contaba el propio cantante en broma.

De la Portales se fueron a la Florida, y de ahí a los Jardines del Pedregal, donde tuvieron su primera casa con alberca. Alrededor de ésta se celebraban grandes pachangas en la que casi siempre estaban María Victoria, Lucha Moreno, Hugo Avendaño, Paloma Jiménez. A veces llegaron a pasar por ahí Raúl Vale y Angélica María, y por supuesto su amigo del alma, David Reynoso, a quien recuperó como amigo en la ciudad de México.

Sin embargo, de la vida del Piporro tampoco estuvieron ausentes las tragedias, y lo peor fue que le arrebató a su mujer cuando, por los años ochenta, se le detectó un cáncer que finalmente acabaría con su vida. Tuvieron que vender su casa de Jardines del Pedregal y regresar a Monterrey para estar al lado de la familia de Tina.

Pero antes, el Piporro organizó un viaje para él y su mujer por Medio Oriente, y se les pudo ver felices paseando por las pirámides. Y luego, en 1985, Tina se fue, dejando un hueco enorme en el corazón del cantante.

De hecho, aun cuando la enfermedad de su esposa no lo hizo abandonar lo que más le gustaba, las presentaciones en vivo, sí cambió en mucho la forma de vida del cantante.

Piporro tuvo su base de actuaciones en Monterrey, y dejó a la ciudad de México que tanto trabajo le había costado conquistar. Pero se fue satisfecho: era no sólo un esposo y padre afortunado, sino que muy pronto fue abuelo afortunado, puesto que su hijos, ya casados, le habían dado hasta mediados de los noventa una docena de nietos. Una de las grandes virtudes del Piporro también fue su gusto por la vida hogareña. En realidad disfrutaba de su casa y de las tierras que había comprado con sus ahorros y que lo convirtieron si no en un próspero ranchero, sí en un hombre de campo, digamos en lo que siempre fue.

Podríamos decir que la vida íntima del Piporro ha sido más normal de lo que se cree. Jamás el escándalo anduvo rondándolo, y desde sus inicios dio muestras de una seriedad poco acostumbrada entre los actores jóvenes. Su paso por el cine fue breve, pero dejó una huella indeleble, y luego estuvo esa especie de retiro voluntario que no lo llevó al olvido, aunque sí a que lo extrañaran sus admiradores.

Aun cuando fue un hombre afortunado, no lo fue en todos los aspectos en que debería haber sido: su buena estrella en la pantalla jamás llegó a ser como la de otros actores mucho menos dotados que él. Pero de ese cine hablaremos más adelantes.

Pero por lo menos se fue por demás satisfecho de su vida íntima. Cuando el 2 de septiembre del 2003 se anunciaba su muerte, acaecida en Monterrey, muchos se lamentaron de la escasa participación que Piporro tuvo en las pantallas, pero no de su vida familiar que fue, por muchas cosas, ejemplar.

11

Piporro en el cine

Revisar la filmografía de Piporro, significa darse cuenta que fue un personaje muy desaprovechado por el cine, aun cuando logró algunos grandes estelares. Quizá los productores no tuvieron la imaginación para hacerlo, o aún no había espacio para un norteño tan propositivo como él. Lo único cierto, es que su imagen en pantalla no refleja lo que encontraba el público de las presentaciones en vivo, y menos aún el regocijo que significaba verlo.

Algunos de sus trabajos fílmicos son recordados por supuesto con gusto, pero sólo hizo un medio centenar de películas que, comparadas con las más de cien de Resortes, por ejemplo, son muy pocas, sobre todo si contamos que sólo en un puñado de éstas llevó el rol estelar.

En 1958, por ejemplo, filmó ocho cintas: tres de ellas eran de la serie Chismelandia, que se parecía mucho a esos programas de bromas y enredos que hoy pululan en la televisión. Las cinco restantes fueron *Los santos reyes, Acapulqueña, Me gustan los valentones, Bendito entre las mujeres* y *Dos corazones y un cielo.*

De estas cinco, ninguna resultó un gran "hit" aunque por ejemplo, en *Acapulqueña,* estuvo al lado de ni más ni menos la extraordinaria rumbera María Antonieta Pons.

En el año de 1959, por el contrario, vio su consagración en el cine con *La nave de los monstruos,* su primer estelar y uno de los hitos de la ciencia ficción mexicana donde, por si fuera poco, el mismo Piporro escribió parte del guión que partió de una idea original de Alfredo Varela, una costumbre que después mantendría trabajando al lado de José María Fernández Unsaín —quien a la postre fuera el fundador de la Sociedad General de Escritores de México—. La pareja se dividía la labor de la siguiente manera: mientras por un lado Fernández Unsaín escribía el libreto en grueso, el Piporro se encargaba de la parte fina, de definir al personaje e irle dando forma.

Cuando le tocó hacer su primer estelar, prácticamente ya había hecho otro en Venezuela, al lado de un cómico de aquel país, sólo que al distribuir la cinta en Venezuela le dieron el primer crédito a su pareja, mientras que en México, donde era más conocido, el Piporro llevó el primer crédito.

La nave de los monstruos es simplemente genial: se trata de una comedia delirante, donde una nave venusina —tripulada por Gamma, Beta y el robot Tor— aterriza en el rancho del Piporro, que en la cinta se llama Laureano, derrite a su vaca, Lolobrígida, y se dedican a buscar monstruos para llevar a su planeta, que a la sazón está gobernado por mujeres. Gamma y el dicharachero y enamoradizo Laureano se atraen mutuamente y el joven les enseña el significado del amor nada más que cantando. Pero una de las dos venusinas es una mujer vampiro y, al ser descubierta y bajo la amenaza de ser ejecutada una vez que regrese a su planeta, libera a los cuatro monstruos que llevan capturados en la nave, lo cual da inicio a una batalla por la Tierra —antes que muchas otras películas, que terminan, como era de esperarse, con el triunfo de los buenos—. Gamma decide quedarse al lado de Laureano y la nave regresa con Tor a Venus, quien también ha encontrado el amor: una sinfonola a la que, al final de la cinta, abraza cariñosamente, mientras cantan una ranchera.

La película es un ejemplo vivo de un cine que de tan malo, ha pasado hoy día a ser de culto. Era tal el desparpajo con el que se hacían las cintas, que no importaba mucho hacer las cosas bien o no, y de hecho para muchos fanáticos de la serie b cinematográfica, se trata de un hito dentro de la historia del cine.

Ver a Beta y a Laureano cantando dentro de una cueva "Primavera, la espera, verano, la mano..." es una verdadera delicia. Y los chispazos de humor están presentes a lo largo de toda la cinta, como el hecho de que la vaca se llame Lolobrígida, un nombre muy parecido al del símbolo sexual italiano de aquellos años. La idea, al parecer, fue por completo obra de Piporro.

"No se le eche la culpa a nadie más que a mí —dijo alguna vez—, se me ocurrió bautizarla así por lo bien dotada que estaba de sus partes proporcionadoras del jugo lácteo —en el caso de la vaca—, y del 'juego' al que invitaba la actriz italiana, por los mismos atributos..."

Y al referirse a la admiración con que la cinta es vista por cientos de fanáticos del cine b en el mundo, el Piporro dijo:

> *"Me halaga mucho que opinen de ella así, no por nada, pero es precursora de* Star Wars *y si en Francia e Ingla-*

terra la tienen considerada como cine surrealista del Tercer Mundo, ¡vaya!, hasta que nos concedieron algo... ¿no?"

Otra de las cintas que realiza por entonces es *Calibre 44,* con argumento otra vez de Fernández Unsaín y Alfredo Varela, y donde Piporro representa a un buen muchacho que tiene que suplantar a un terrible pistolero, aun cuando en realidad es capaz de ganarle a todos los gatilleros.

La cinta, producida por Jesús Sotomayor, es una de las últimas que realiza bajo los auspicios de este productor y una de las primeras que le causan problemas. De hecho, se dice que Sotomayor fue una de las principales causas de que Piporro se retirara del cine, aun cuando continuó trabajando con él hasta 1961, en cintas como *El padre pistolas, Escuela de valientes* —donde interpretó a un personaje llamado Doroteo Tanquilano—y *Se alquila marido.*

En 1962, dirigido por Rafael Baledón, filmó *Ruletero a toda marcha,* donde trabajó al lado de Pedro de Urdimalas, uno de esos guionistas excepcionales, autor entre otras memorables cintas, de los diálogos de *Los olvidados,* de Buñuel, y de *Nosotros los pobres.*

Las otras dos cintas del 62 son también de lo mejor que hizo Piporro, *El terror de la frontera* y *El rey del tomate.* En la primera llevó de compañera ni más ni menos que a Lucha Villa, mientras que en la segunda lo hizo con al española Luz Maríquez. Dirigida por Miguel M. Delgado, con guión de Piporro y Unsaín. La cinta narra las peripecias de un vendedor de tomate —que así es como se conoce al jitomate en el Norte— que se empeña en conquistar los favores de una mujer caprichosa. Algunas de las secuencias de la cinta son francamente notables, como cuando el Piporro negocia con los cargadores la descarga de su camioneta. No obstante, dicen los enterados, lo mejor del Piporro eran sus presentaciones en vivo. Sus desavenencias con Sotomayor, al parecer fueron determinantes para que se retirara de los sets y se dedicara más a recorrer el país.

12

En el camino

Como muchos otros cómicos de su tiempo, Piporro en sus inicios recorrió el país de cabo a rabo en las famosas caravanas Corona. De hecho, fue en una de esas travesías donde logró obtener ingresos mucho mejores que los que le daba el cine. En sus mejores momentos llegaba a ganar hasta 10 mil pesos ¡diarios! Una fortuna para aquel entonces. Pero para que esto sucediera, tenían que realizar tres presentaciones diarias.

—Y no había cuarta porque el productor no tenía dónde acomodarla.

Durante 31 días consecutivos (algo que sólo hizo Pedro Infante) Eulalio González encabezó la Caravana Corona, sin descansar una vez. De lunes a lunes por toda la República, lo que dio el dinero suficiente para comprarse un coche nuevo y terminar de pagar su casa en la calle California.

La Caravana Corona llevaba a los lugares más apartados del país una constelación de estrellas: Toña "La Negra"; Javier Solís, "El rey del bolero ranchero", Manolín y Shilinsky, Pedro Vargas, "Tilín", imitador conocido como "El Fotógrafo de la Voz", que era cuñado del Chino Herrera y uno de los mejores imitadores; tríos como Los Panchos, Los Diamantes, o bien, Hugo Avendaño y la reina de la canción ranchera, Lola Beltrán, Celia Cruz, y cuyo maestro de ceremonias era ni más ni menos que Pedro Weber, "El Chatanooga".

A toda esta constelación se sumó Piporro, y en la Caravana Corona también se darían a conocer artistas como Enrique Guzmán, Manolo Muñoz, Alberto Vázquez, César Costa y otros rockeros que se atrevían a viajar en autobuses para ir a los lugares más lejanos porque, qué esperanzas que se les pagara un boleto de avión.

Piporro tenía una colección impresionante de anécdotas en torno a la Caravana Corona y de su productor Guillermo Vallejo, que aun cuando un tanto codo, era querido y respetado por todos los artistas. El mismo Piporro reconoció que en esas apresuradas actuaciones él se convirtió en actor.

"Simplemente aprendí."

Y aunque las dudas aún lo asaltaban —sobre todo porque cuando comenzó el norteño— todavía no estaba en el corazón de todos los mexicanos. La confianza que le dio el señor Vallejo fue fundamental para que saliera a dar la cara ante el público.

"Mi niño —le dijo—, no tienes que cambiar, nada más sal y haz lo que sabes. Entra de frente, ponte de perfil, luego de tres cuartos y sal dando la espalda."

Así que en esos 31 días en la Caravana, el Piporro se cansó de preparar sus numeritos, de contar la historia de don Baldomero, o de alargar o acortar el prólogo de "El taconazo" de acuerdo con las necesidades de la producción, porque en algunas ocasiones mientras unos actores llegaban al gran final en un sitio, en el pueblo más cercano ya había comenzado la primera parte del espectáculo.

Y qué esperanzas que hubiera camerinos o baños en los camiones. Era el propio señor Vallejo quien les gritaba a su tropa la cercanía de una gasolinera, cual si fuera vigía de un barco para que todos hicieran uso de los servicios.

"Era un empresario que sabía tratar bien a la gente —contaría alguna vez Piporro— con simpatía e ingenio. Era durito estar en todos esos lugares. Recuerdo que una vez me dijo que en equis lugar había oportunidad de descansar dos horas en un hotel y yo le dije que mejor no, que ya me había acoplado y acomodado en los sillones del camión."

La relación entre Piporro y Vallejo fue amistosa y chistosa a más no poder. En una ocasión el Piporro le comentó el argumento de su película *El Pocho* y el señor Vallejo se quedó dormido. Cuando el Piporro lo despertó para decirle que mejor otro día le seguía leyendo, Vallejo le dijo que no estaba dormido, sino que tocaba el piso del autobús con la mano para hacer tierra y así entenderle mejor al libreto.

"En una ocasión —contaba Piporro— tuvimos un fracaso. No tiene caso decir dónde. No había gente. Entonces, cuando cantó Enrique Guzmán se armó un pleito por quién sabe qué, y Vallejo dijo 'vamos a entrarle todos, al fin que somos más que los de abajo.'"

Y mientras viajaba con la Caravana Corona, el Piporro se daba tiempo para filmar *El rey del tomate, Torero por un día* y *El Pocho,* y saliendo de la filmación se iba a las presentaciones. Algunas veces con el mismo Vallejo a su lado inclinándose peligrosamente hacia el frente, tanto, que Piporro le preguntó por qué no se echaba hacia atrás en el asiento.

—Es cuestión de posturas, mi niño —le contestó—, de posturas, a usted le gusta hacia atrás y a mí me gusta hacia delante.

La llegada de la Caravana Corona a Agua Prieta en 1961 fue un verdadero acontecimiento, e incluso resultó fundamental para que surgiera aquel famoso grupo de *rock and roll* conocido como Los Apson.

Pero Piporro también aprovechaba los viajes a la frontera para dedicarse a su primera pasión comercial: la fayuca.

"Yo le decía al profesor Alva (aquel que hipnotizaba a las personas), —porque cuando estábamos en la frontera cargábamos con fayuquita—, entonces decía: 'Garita a la vista... todos a dormir', y así, dormidos, pasábamos la revisión."

En otra ocasión Vallejo le pidió al Piporro que compartiera su asiento con uno de los artistas que intervenían en la primera parte del espectáculo: era un hombre bajito. Piporro le preguntó qué hacía, y él le respondió: canto algunas canciones.

—Sí, pero qué canciones.

—"Sabor a mí", "La mentira", "Te doy dos horas".

—Pero si son puras de Alvaro Carillo.

—Pues, es que yo soy Alvaro Carrillo.

Y el Piporro comenzó a cantar feliz con el oaxaqueño aquella de "Sabrá Dios si tu me quieres o me engañas..."

Y todo esto lo lograba el señor Vallejo gracias a su buen trato y al conocimiento del oficio.

"Sabía lo que hacía. Era un capitán de barco. Por eso siempre estaba al frente. En esa época no había tanta tele, y venturosamente para nosotros la Caravana Corona fue nuestra comunicación con el público. Yo sí puedo decir que conozco la República de palmo a palmo. Yo les digo a los jóvenes que aunque los conozcan en todos lados, por la cobertura que hay, no cualquiera ha estado personalmente en tanto lugar. La caravana fue la iluminación de la ilusión. Fue un momento trascendente en mi carrera. Mientras todos los demás cambiaban de canciones, yo hacía lo que el público me pedía. Fue como dicen los toreros, aprender a 'pisar la arena'. Adquirir la experiencia más fuerte, aprendiendo a conocer públicos diferentes. Yo le decía: vivo no soy, pero no soy tonto, así que aprendí todo en las caravanas. Creo que todos los artistas hablarán de Vallejito en términos agradables. Tenía un gran don de gentes. Sabía tratar a la gente. Nuestra relación fue más estrecha. Después nos seguíamos viendo, fue a mi casa, fui a su casa, siempre hubo una relación. Los contratos eran de palabra, de hombre, 'lo hablado, hablado', y así era. Después tuve otras alternativas, otros trabajos, pero seguíamos siendo grandes amigos. A veces coincidíamos en algún lugar y nos íbamos a cenar."

En la Caravana Corona no había tiempo para quejarse y el contacto con el público era realmente vital. Nunca se sabía con exactitud en qué tipo de espacios se iban a presentar los artistas: podía ser un palenque, una arena de box y lucha, un estadio de béisbol, y quizá hasta un teatro. Estos viajes crearon la reputación de intérpretes como Javier Solís, de compositores como José Alfredo Jiménez. La caravana fue realmente la cuna del espectáculo en México, por lo menos durante las dos primeras décadas de la segunda mitad del siglo XX. Sus presentaciones atraían multitudes, luego, los hábitos de consumo artístico cambiaron y la caravana desapareció.

"Desgraciadamente tuvo que terminar. Vinieron los cambios. Todo cambió en México en los últimos 30 años. Ya no es como antes. Hasta las relaciones familiares han cambiado. Vallejo no era un empresario de látigo, de arriar gente; sabía tratar, con todo mundo se llevaba bien. Iba con lo más escogido. Yo tuve muchas caravanas, pero recuerdo especialmente aquella que estuve 31 días seguidos (más de cien funciones). No creo que haya alguien que hable de él con una mala impresión, y creo que esto da una idea de lo que he vivido con esta familia, dijo Piporro."

13

Más cornadas da el hambre

El que Piporro comenzara como torero bufo, se lo debe a su compadre David Reynoso quien, luego de perderlo de vista por un tiempo, reapareció con la idea de que hicieran un espectáculo cómico taurino. Ya se habían reencontrado en la ciudad de México, e incluso habían trabajado juntos en la cinta *Ruletero a toda marcha,* y se volvieron a encontrar en *El bracero del año.* Fue después de esta cinta que Reynoso le propuso que hicieran este espectáculo, con las tablas de la Caravana Corona y aun sin haber dado jamás en su vida un muletazo. Piporro aceptó, y debutaron el 4 de noviembre de 1962, en la plaza de toros de Monterrey, acompañados por la también norteña Lucha Villa.

La representación era un típico duelo entre norteño y charro que se enfrentaban por el amor de una mujer. Algo así como una ópera, porque el enfrentamiento iba aderezado con canciones en donde Piporro se echaba sus gorgoritos. Así como en el duelo de *Dos tipos de cuidado,* y en donde para sorpresa de todos los dos tipos, acababan muertos sobre la arena. Pero sólo el tiempo suficiente para que Lucha Villa cantara una canción y aparecieran sobre la arena dos

El Piporro en una faceta que no todos los públicos le conocían, la de taurino excepcional, la de conocedor profundo, de admirador del arte y la fiesta brava en su conjunto.

novillos que los presuntos cadáveres se veían obligados a torear; Reynoso, con la experiencia de sus años de maletilla, y Piporro como Dios le daba a entender porque nunca había sido aficionado a la fiesta brava. Después lo fue. Pero en ese momentos nada más corría en círculos tratando de darle algunos pases que su amigo le había enseñado la tarde anterior en la Plaza Guadalupe.

Ahí, curiosamente, Piporro conoció a un muchachito que se prestó a ser su toro para que él aprendiera a darle algunos capotazos. Como pago, pidió que lo invitaran de mozo de espadas a la corrida. No era otro que Eloy Cavazos, un niño apenas, pero que ya conocía muy bien el oficio.

Ni qué decir que les fue muy bien con el espectáculo, pero que el Piporro no quería matar al novillo que le había tocado en suerte.

—Conocí a su amá —le decía al público. Fue muy buena amiga mía y me encargó a su hijito. Así que yo les pido el indulto.

Y aun cuando Eloy se ofreció a matar al novillo, con todo y el susto del Piporro que le dijo claramente que el novillo nomás era rentado, finalmente consiguió su objetivo: que indultaran al animal, y que a él le dieran las orejas y el rabo simbólicos.

No es usual que un aprendiz de torero —que comenzó casi a los 40 años— logre consolidarse, pero la simpatía del Piporro lo volvió a sacar avante. De hecho, inventó dos suertes: la piporrina, que era torear con el sombrero, y la nalguerina, que era pasarse al novillo por ambos lados de la muleta, saltando al mismo tiempo y casi rozando al torete. Lo que si no era muy purista, sí provocaba las risas de los espectadores.

Increíblemente, durante su primera temporada hicieron 49 presentaciones a plaza llena, otro récord que sin lugar a dudas nadie ha podido igualar y que se anunciaba como "Toros en el teatro y teatro en el ruedo".

Por cierto, que durante estas presentaciones Piporro conoció al personaje en el que se inspiró para hacer la cinta *Torero por un día.* Era un desconocido que se coló a la celebración posterior a la corrida y que se acercó al Piporro para contarle sus cuitas: vivía en el cuarto de los trebejos de la plaza y ahí se la pasaba tratando de conseguir una corrida por lo menos, o trabajar de mozo de estoques de alguno de los matadores que actuaban. Cuando Piporro le preguntó por qué no trabajaba, entonces el maletilla —un maletilla ya mayor, por cierto—:

—Y qué tal si trabajando se me acaba el arte.

Precisamente, esta pasión por la fiesta y esa idea de tantos toreros —buenos y malos— de que existe una hidalguía en los toros que impide acercarnos al trabajo, le inspiró al cantante al personaje de "El mil faenas".

Una vez en una plaza de toros, donde el Piporro se presentó en solitario, conoció y vio torear a un joven novillero de quien se convirtió inmediatamente en su fan: Manolo Martínez. Como aficionado a la fiesta y como toreador, Piporro reconocía en Martínez al mejor matador de toros que ha dado México. Y cuando en la Monumental Plaza de Toros México el público estaba dividido entre manoletistas y los otros, él era de los primeros, y más de una vez se agarró a trompadas defendiendo el arte de este gran torero.

Fue amigo de muy buenos toreros, e incluso viajó a España para ver el duelo taurino entre Manolo Martínez y Paco Camino, que se realizó en Marbella, y eso le dio la oportunidad de hacer turismo taurino, e incluso visitó la famosa Maestranza de Sevilla y, actuando para el guardia que vigilaba la entrada, le dio una vuelta al ruedo. Es decir, que poco a poco el toreo se le metió en la sangre. De hecho, durante sus últimos días en México era común verlo en la Plaza de Toros alternando con algunos amigos toreros de gran clase, ya retirados, como Lorenzo Garza, Luis Castro y Carlos Arruza, quienes llegaron a ser sus amigos.

Piporro compuso una canción satírica que lo pintaba de cuerpo entero como torero:

Toreros panzones,
Un par de tragones,
Se avientan al ruedo,
Exigen toritos,

Chiquitos, bonitos,
Que no tengan cuernos.
Cuando agarran la muleta
Están pensando en la "chuleta",
Al poner las bandarillas,
"machacao" con tortillas...

Esta canción, aun cuando no la grabó, fue el origen de uno de sus éxitos, "¡Ole, ajúa y olé!", donde continuaba la historia de los matadores que, como él, sólo se aventaban al ruedo con toretes y no con animales grandes. Es una excelente canción, típica del Piporro que dice:

Como premio a su majeza
Siempre exige al juez de plaza
Las orejas, rabo y pata
Y que la cola se la cambien,
Que mejor le den cabeza...

Y entonces entraba el siempre mordaz comentario de Piporro: "para hacerla en barbacoa y en unión de su cuadrilla, pellizcarla con tortillas y rociarla con cerveza, hasta darle la puntilla..."

Claro que la parte divertida del oficio era un gusto para Piporro y un disgusto para David Reynoso, a quien siempre le venían los recuerdos de sus años de novillero y soñaba de nuevo con ir al ruedo a enfrentarse con toros bravos, hasta que su compadre le recordaba que su cintura ya no estaba para esos trotes.

En todo caso, Piporro sí realizó otros lances, pero dentro del teatro representando a don Juan Tenorio, y en una ocasión, en Guadalajara, alternando con una pléyade de artistas, le tocó cerrar la función. Vestido a la usanza española del siglo XVI, Piporro se dedicó a cantar —porque así se lo exigió el público— y cerró a las mil maravillas el espectáculo.

Pero Fernando Soto "Mantequilla" que era bueno para las bromas, le dijo:

—Muy bien, muy bien, Piporro, pero no vi, no vi cómico.

La frase se la repitió el mismo Piporro cuando por sorteo le tocó a Mantequilla cerrar el espectáculo. Los dos, siendo como eran buenos amigos, se rieron de la ocurrencia y siguieron actuando. De hecho, alguna vez presentaron *El Tenorio cómico* en el teatro de los Insurgentes, y Piporro no se hacía del rogar cuando el público le pedía que cantara una canción, para luego recordarle a Mantequilla aquello de "poco cómico, poco cómico".

Sin duda que eran otros tiempos, porque casi todos los cómicos con los que el Piporro alternó fueron sus amigos y sobre todo sus maestros: Pompín Iglesias, Beto "El Boticario", el Panzón Panseco, el Chino Herrera. En fin, otras épocas, no muy lejanas, cuando los cómicos se hacían en la brega diaria, casi como los toreros. De ahí que el toreo fuera una actividad que al Piporro se le daba de forma natural.

14

El hombre orquesta

En 1963, El Piporro filmó seis películas. Una de éstas fue *La vida de Pedro Infante,* que hizo Miguel Zacarías para rendir homenaje al ídolo de México. Las otras fueron: *Héroe a la fuerza,* de Miguel M. Delgado; *Torero por un día,* de Gilberto Martínez Solares; *El bracero del año,* de Rafael Baledón; *La sombra blanca contra la justicia* y *La venganza,* que fueron dirigidas por su entrañable amigo Fernando Fernández.

De las seis, una de las más interesantes es *El bracero del año,* no sólo porque el propio Piporro escribió el argumento, sino porque tocaba un tema que sólo había sido tocado por un director que también había vivido en los Estados Unidos y conocía de sobra la lucha de nuestros paisanos en el otro lado, nos referimos a don Alejandro Galindo y su magnífica *Espaldas mojadas.*

De hecho, aún hoy son pocos quienes se atreven a tratar el tema de la migración hacia el Norte de muchos mexicanos que van en busca de fortuna y encuentran la muerte, y aún menos son quienes se atreven a tocar el tema desde un punto de vista humorístico. Piporro lo hizo.

En *El bracero del año,* aparece uno de esos personajes que siempre nos deleitaron: Natalio Reyes Colás –Nat King Cole, como dice la canción–, a quien no sólo no le va tan mal en el otro lado, sino que hasta se consigue ligar a una estrella de Hollywood, algo que hasta los mejores galanes desearían en la actualidad.

Para 1964, la cifra de cintas protagonizadas por Piporro se redujo a tres. Al parecer sus problemas con los productores lo seguían acosando, además de que como que le había agarrado un gusto muy acendrado a las presentaciones en vivo.

Las películas de ese año fueron *Los tales por cuales, El tragabalas, Alias El Rata.* En esta última, donde compartió créditos con Regina Torné, Piporro interpretaba a un ladrón de bancos que un buen día cae en un pueblo donde se hace pasar por un personaje más o menos respetable, hasta que la mala suerte lo obliga a sacar a la luz su verdadera personalidad.

El tragabalas, que dirigió Gilberto Martínez Solares, es un poco la misma historia que se escucha en el corrido modificado, donde hace burla del machismo y de los valentones. Porque en el fondo, a pesar de dar la apariencia de osado, Piporro en la pantalla siempre era una alma de Dios, porque cada vez que se ponía fanfarrón, luego luego le bajaban los humos, como en aquella escena inicial de *La nave de los monstruos,* donde acepta un reto para enfrentarse pistola en mano y luego prefiere hablar para solucionar el problema.

Y a veces, es cierto, pelea, pero sólo cuando es muy necesario.

"Yo creo que El Piporro, que logró hacer películas como protagonista y que en realidad llegó a ser estrella –dijo alguna vez—, lo que se llama estrella, muy independientemente de la vanidad que eso implica; me refiero a vivir de tu trabajo. ¡Que te paguen por hacer las cosas que más te gustan!, eso es fabuloso. Entonces, ese Piporro pues, hará unas 30 o 40 películas como protagonista."

De hecho, muchas veces Piporro dijo que las cosas se le dieron naturalmente, sin esforzarse mucho, y aunque eso es falsa modestia, también es cierto que siempre estuvo en el lugar preciso y a la hora precisa para salir al escenario y conquistar a su público.

Por ejemplo, de ser el que recibía las bofetadas de Sarita Montiel, pasó a ser galán de película al lado de mujeres como Rosita Quintana, Lucy Gallardo, Elsa Aguirre, Julissa, Kitty de Hoyos y Lucha Villa, entre otras. Es una carrera al revés de las muchas que ha tenido el cine nacional, pues de anciano compañero de Pedro, se convirtió en galanazo y en cantante de norteño con mucho pegue.

Y así como fue escritor de sus propios guiones, también se convirtió en productor y director de sus cintas en 1969, aunque un poco antes ya a punto de retirarse del cine, le tocó trabajar al lado de María Félix en *La Valentina*, en 1965, y hacer una especie de *remake* de *Escuela de vagabundos* con *Qué hombre tan sin embargo*. En *La Valentina*, el mismo Piporro fue coautor del argumento sobre un fayuquero que tiene que llevar encadenada a una novia ante su prometido aunque, irremediablemente, acaba por enamorarse de ella.

Hacia 1969, el Piporro casi se retira por completo del cine, aunque un poco antes intentó hacer lo que siempre había querido, producir una película él solo, con sus propios medios, teniendo el control total sobre lo que quería contar. El resultado fue *El Pocho,* la historia de un mexicano que logra triunfar en el otro lado.

La película recibió varios reconocimientos, entre ellos, un Ariel a la mejor opera prima, pero no contó con apoyo oficial para exhibirse, aun cuando, estrenada en Los Ángeles, en el famoso Million Dollar, logró un éxito inusitado. Quizás ésta fue otra de las causas que obligaron a Piporro a abandonar los sets. Su tiempo había pasado y fue muy corto.

En el 69, sólo filmó otra película y después, se separó del ambiente cinematográfico por casi 11 años, hasta 1980, cuando participó en *El falluquero.* Entre 1980 y 1990 filmó sólo seis películas, entre las que se cuentan *El chubasco, Los hijos del diablo, El macho* y *Ni parientes somos*

En el interín tuvo la oportunidad de debutar en la televisión con una serie que llevó por título *Ajúa con el Piporro,* y del cual tentativamente sólo se iban a hacer dos emisiones, pero con el buen éxito que tuvo se extendió a 26, más o menos medio año de chistes, canciones, *sketches,* que de verdad eran divertidos, pero que no cuadraban del todo con la televisión que en esos años se hacía.

Poco después el Piporro participó como actor en la telenovela juvenil *Agujetas de color de rosa,* e incluso tuvo tiempo para estrenar una comedia musical producida por Angélica Ortiz.

Lo que vino después fue una década en la que ya no estaba en activo, sino que más bien se la pasaba gozando de una merecida fama, de un tiempo de reposo y reflexión que incluso lo llevó a escribir un grueso volumen autobiográfico.

¿Qué pensaba en esos días en los que alejado de las luminarias era de nuevo el muchacho que soñaba en la frontera con llegar a ser artista?

"Yo ya no espero nada —dijo en una entrevista—. Sólo espero tener buenos amigos, como siempre, que me salude gente que todavía no nacía cuando yo ya era artista; a mí me gusta ser normal, me gusta ser natural y me gusta portarme como tal..."

Y era cierto, la última celebración de su cumpleaños en diciembre de 2002 fue todo un acontecimiento. Todo mundo fue a ver aquel gran actor, escritor, cantante, aquella personalidad que con su fuerza supo ganarse la buena voluntad de escritores como Germán Dehesa o Carlos Monsiváis y de periodista como José Pagés Llergo.

Su simpatía, su naturalidad, su espontaneidad, su capacidad de resistencia, de ser él mismo, aun equivocado, formaron parte de esa leyenda que no se extinguió el día de su muerte, el 1 de septiembre del 2003, sino que creció aún más.

El hijo favorito de Perros Bravos y Gatos Güeros, Nuevo León, el viejito dicharachero, el norteño en toda regla, el orgullo regio, se fue, pero quedaron sus canciones, su vida como ejemplo, su tenaz esfuerzo por ser quien fue, simple y llanamente, El Piporro, gente *sencía,* de allá, del puritito Norte.

TÍTULOS DE ESTA COLECCIÓN

Agustín de Iturbide
Adalberto Martínez "Resortes"
Agustín Lara
Álvaro Obregón
Amado Nervo
Antonio López de Santa Anna
Benito Juárez
Cuauhtémoc
David Alfaro Siqueiros
Diego Rivera
Dolores del Río
El Santo
Emiliano Zapata
Eulalio González "Piporro"
Fidel Velásquez
Francisco I. Madero
Frida Khalo
Gabilondo Soler "Cri-Cri"
Germán Valdés "Tin Tan"
Joaquín Pardavé
Jorge Negrete
José Alfredo Jiménez
José Clemente Orozco
José María Morelos
José Vasconcelos
Juan Diego
Juan José Arreola
Juan Rulfo
Justo Sierra
La Malinche
Lázaro Cárdenas
María Félix
Mario Moreno "Cantinflas"
Miguel Alemán Valdés
Miguel Hidalgo
Nezahualcóyotl
Pancho Villa
Pedro Infante
Plutarco Elías Calles
Porfirio Díaz
Quetzalcoatl
Rosario Castellanos
Salvador Novo
Sor Juana Inés de la Cruz
Venustiano Carranza

Esta obra se terminó de imprimir
en abril de 2004, en
Litográfica Ingramex, S.A. de C.V.
Centeno 162-1
Col. Granjas Esmeralda
México, D.F.

CALIDAD
ISO 9000
CERTIFICADA
Certificado No. 02-2082